LES POUVOIRS DU 6e SENS

Ursula Fortiz

LES POUVOIRS DU 6e SENS

Ses multiples manifestations dans la vie de tous les jours

De Vecchi

Conception graphique de la couverture : Yes

Éveil d'un sens...

Et si nous parlions du sixième sens ! Lorsque j'ai commencé cet ouvrage et les entretiens avec de nombreuses personnes aux opinions diverses et aux sensibilités différentes, je leur posais toujours cette question un peu abrupte.

Aucun de mes interlocuteurs ne fut choqué, bien au contraire.

Le sixième sens interroge, il fascine. Est-ce de la précognition ; est-ce une conjonction hasard-réalité ; est-ce une manière pour notre inconscient de nous révéler nos véritables désirs ; est-ce un dérivé de la télépathie... ? Toutes ces questions et bien d'autres encore, ainsi que les développements qui s'y raccrochent, furent abordés.

L'homme a des capacités psychiques étonnantes, dont certaines donnent lieu à débat : sensibilité, réceptivité, discernement (clairvoyance, clairaudience), télépathie, télékinésie, prémonition, rétrocognition... Aborder le sixième sens, c'est nécessairement aborder tous ces thèmes mais aussi s'arrêter à la psychanalyse et aux travaux de Freud, Jung, etc.

Je ne veux pas me poser en partisan d'une étude scientifique *stricto sensu*, ou d'une étude sur la parapsychologie. L'objectif déclaré de cet ouvrage est :

– de présenter toutes les notions connexes au sixième sens (l'imagination, les sens, l'esprit, le traitement personnel de l'information reçue en temps réel...) ;

– de confronter les divers points de vue. Le lecteur trouvera de nombreux encadrés permettant de mieux percevoir – à travers leurs citations – les positions de différents chercheurs, penseurs, écrivains... ;

– de présenter des exercices liés au sixième sens (méditation ; comment gérer sa peur ; éliminer la frustration, etc.).

Qui plus est, à partir d'exemples précis tirés de la vie quotidienne, nous essaierons de mieux comprendre ce qu'est le sixième sens, et ses multiples manifestations.

En essayant de fouiller tous les champs d'explication, de réalisation et d'investigation du sixième sens, mon souhait premier est de mener le lecteur vers une meilleure connaissance de l'homme et de sa vie interpersonnelle.

Alors, pour finir, laissons la parole à Gide dans *Les Nourritures terrestres* : « Toute connaissance que n'a pas précédé une sensation m'est inutile. »

Vaste chantier !

L'AUTEUR

Première partie

À LA RECHERCHE DU SIXIÈME SENS

De l'observation à la constatation

Selon que l'on observe les individus de loin ou de près, soit l'on trouvera qu'ils se ressemblent tous, soit on jugera qu'ils sont très dissemblables. Il est bon de souligner cette différence de position dans l'espace qui ferait qu'un martien nous regarderait sans nous comprendre mieux que nous-mêmes comprenons les fourmis ou les chromosomes.

Un regard distant conduira à cette constatation que chacun est doté de deux bras, deux jambes, deux yeux, deux oreilles, etc., mais aussi, entre autres choses moins apparentes, de cinq sens qui sont les mêmes pour tous. En d'autres termes, tous les individus sont supposés avoir la même approche du monde extérieur et, par suite, les mêmes rapports avec les autres individus.

Lorsque, appelé par sa curiosité, notre observateur se trouvera parmi les individus, il constatera, à l'évidence, qu'ils ne sont pas tous pareils. Peut-être ses goûts l'attireront-ils plus vers les uns que vers les autres. Essayant de comprendre pourquoi de près ils sont si différents, il se rendra compte qu'il y a deux raisons principales. L'une est que tous ne viennent pas au monde dans les mêmes conditions, chacun y arrive avec un capital et des ressources différentes. Les uns ont plus de ressources que de capital, les autres plus de capital que de ressources. Rares sont ceux qui ont les deux. Cela ressemble à un fonds de commerce dont chacun disposerait au départ, soi-même, ayant la possibilité tout au long de sa vie de le faire fructifier ou péricliter. L'autre cause qui rend les individus différents est que, s'ils sont tous dotés des mêmes cinq sens leur permettant une relation au monde extérieur et avec les individus, ils ne les utilisent pas tous de la même manière. Une question alors se pose : qu'ont de plus ceux-là qui profitent mieux du monde, ou ceux-là qui construisent leur vie sur l'utilisation d'un seul sens – parfumeurs, cuisiniers, musiciens et autres ? D'ores et déjà nous pouvons aussi nous demander si certains ne seraient pas doués de sens supplémentaires, un sixième, par exemple.

L'imagination

Il n'est pas inutile de préciser le concept d'imagination. Dire : « Si cela n'existe pas, il n'y a qu'à l'inventer » est le contraire de l'imagination puisque l'on part, dans ce cas, de l'état de quelque chose qui n'existe pas... et beaucoup de choses n'existent pas. On peut ainsi rêver de faire exister n'importe quoi à partir de son absence. Par exemple : il n'y a pas d'automobile qui puisse transporter quatre personnes en consommant un litre aux cent kilomètres à cent quarante kilomètres-heure de moyenne. Réponse : il n'y a qu'à inventer une automobile atomique qui remplira cet office. Voilà le type même de réponse qui démontre une absence d'imagination parce que procédant d'une méconnaissance de la réalité. Pour que l'imagination puisse se mettre en action, il faut qu'il y ait matière et problème, ou tout au moins interrogation.

L'IMAGINATION PRATIQUE

L'imagination permet de résoudre de manière inhabituelle ou nouvelle un problème issu de la réalité avec des moyens également issus de la réalité.

Un monsieur a acheté une petite maison de garde-barrière le long de la ligne de chemin de fer désaffectée Baud-Pontivy. Il est à sept kilomètres de Pluvigner, que cette ligne desservait et où il travaille. Il n'a pas le désir de s'acheter une voiture. Comment a-t-il résolu son problème ? Réponse : il a acheté une plaque de contreplaqué de 3,10 x 1,53 en 22 mm d'épaisseur. Dessous il a adapté quatre roues en aluminium. Dessus il a installé un mât et une voile. En Bretagne, les vents d'Ouest sont puissants et constants. Résultat : son engin, au largue, roule parfois à plus de soixante-dix kilomètres-heure et il ne lui faut jamais plus d'un quart d'heure pour se rendre à son travail.

Moi, je...

Un individu, en soi, est un monde, un *ego*. On pourrait appeler cela un « monde interne ». Ainsi, sur notre planète, plusieurs milliards de petits mondes internes cohabitent dont l'ensemble représente pour chacun le monde externe, c'est-à-dire l'autre, l'*alter*. Chacun peut donc se dire : le monde externe, c'est tous les autres sauf moi. Si la chose est bien vécue, on peut dire qu'il s'agit d'une relation altruiste car elle va de l'*ego* vers l'*alter*. Si elle est mal vécue, il s'agit au contraire d'une relation égocentrique. La question du sens est importante.

Le commun imposé à ces deux formes d'une même relation est la réalité, car une unique réalité est à l'usage de tous. Le point de différence entre les individus est la manière dont ils vont agir et sentir en présence de cette réalité, car il y a deux manières de se comporter. Ou bien on s'intègre au monde, et c'est le fait de s'adapter, ou bien on intègre le monde à soi-même, et c'est le contraire de l'adaptation car, pour parvenir à cela, il faut contraindre le monde selon ses besoins et sa nature, et ce n'est pas facile. Dans le premier cas la relation est altruiste parce que fondée sur la reconnaissance de l'autre, laquelle va permettre sa connaissance et, par suite, un état d'équilibre. Il est patent, dans ce cas, que l'individu accepte de se considérer comme une parcelle du monde, c'est-à-dire bien peu de chose. Dans le deuxième cas l'individu ne supporte pas de n'être qu'un cinq milliardième de l'ensemble. Par là même il ne comprend pas que lui, si intéressant pour lui-même, à vrai dire l'être le plus intéressant qu'il connaisse, ne soit pas plus important, plus indispensable au monde. On peut ainsi conclure en constatant qu'il y a entre le monde et l'individu une relation de sens positif ou négatif selon qu'il y a acceptation ou refus de l'autre. Dans le deuxième cas on pourrait parler d'épuisant contresens. Ainsi en est-il de ces gens qui passent leur vie à se battre « contre » au lieu de se battre « pour ».

Ainsi donc, quelle que soit la position de l'individu, dans le bon sens ou à contre-courant, celui-ci est acteur dans cet immense théâtre de l'éternelle comédie humaine. Ce rôle d'acteur et la présence des spectateurs qui remplissent la salle impliquent la nécessité de communiquer, avec cet objectif final de se faire comprendre des autres, plutôt que de les comprendre, hélas. Cela est humain.

La communication

Elle est ce qui permet d'être dans le monde, de s'intégrer à lui par le biais des sens qui sont le partage de tous. Il faut toutefois prendre garde à ne pas leur attribuer un rôle ou une importance qu'ils n'ont pas. En réalité, les sens sont des vannes qui permettent la réception d'informations en provenance d'un monde matériel, si tant est que l'on accepte d'assimiler un autre individu au monde matériel. Ils ne sont rien de plus. La manière dont l'individu va traiter ou ne pas traiter, c'est-à-dire stocker ou oublier, les informations reçues, ne procède pas des sens mais de l'intellect, le moteur en aval. Les sens peuvent donc être comparés à des instruments de connaissance dont chacun, selon son esprit, ses besoins, fera un usage personnel.

Plaisons-nous un instant à proposer qu'une clarinette soit, en tant qu'instrument, comparable à l'un de nos sens et procurons la même à deux individus. Nous constaterons dans l'utilisation de l'instrument de surprenantes différences. Lorsque l'un jouera le Quintette avec clarinette de Mozart, l'autre en sera peut-être encore à *Au clair de la lune*. Derrière chacun de nos sens se place une notion de plaisir.

Nos sens sont des instruments

Nous venons là de faire allusion à une utilisation élargie des sens dans leur acception d'instruments. Entre l'amoncellement de renseignements réceptionnés et l'utilisation qui s'ensuit, il y a un processus de transformation qui est le fait de l'esprit-moteur. La conséquence de cela est un phénomène de renvoi vers l'extérieur (communication ?), dans une proportion infime, de matière transformée par rapport à la matière engrangée.

Une question alors se pose : que se passerait-il si nous n'avions pas la possibilité d'extérioriser une partie de tout ce que nos sens nous font intérioriser ?

Et aussi : que se passe-t-il entre le moment où nous ingurgitons d'énormes quantités de données et le moment où nous en dégurgitons une faible partie sous forme d'assemblages plus ou moins harmonieux ?

Bien sûr, cela fait penser à un ordinateur et impose de constater à quel point un ordinateur est conçu à l'image d'un esprit humain, comme un miroir.

Avant de répondre à cette question, livrons-nous à un jeu stérile de l'imagination. Si nous avions un sixième sens, c'est-à-dire un instrument supplémentaire, qu'est-ce que cela pourrait être si tant est que l'on puisse concevoir quelque chose qui n'existe pas ? Devenir par moments invisible ? Entendre les pensées des autres ? Vivre dans l'eau comme un poisson ? Voir à travers les murs ? Se défaire de sa matière corporelle pour ne plus rester qu'esprit ? Se désintégrer à un endroit et pouvoir être réintégré à un autre des milliers d'années-lumière plus loin ? Cela ressemble à de la science-fiction. Et, pourtant, on entend souvent parler à tort et à travers du sixième sens.

Une autre remarque vient à l'esprit lorsque nous comparons la somme de renseignements stockés par l'intellect et la somme de productions-idées fournie par ce même intellect. Exploite-t-il seulement un millième de ce que les sens mettent à sa disposition ?

Cette question ne proposerait-elle pas déjà une approche empirique mais limitative de ce que pourrait être le sixième sens, au cas où il y en aurait un ? Une capacité à mieux utiliser ce qu'apportent les cinq premiers ? Quoi qu'il en soit, nous sommes tenus, en l'occurrence, de constater qu'une part énorme de tout ce que nous stockons rentre dans cet espace immense et fabuleux qui s'appelle l'inconscient. Nous aurons l'occasion d'y revenir plus longuement

Peut-on éduquer les sens ?

Le premier de nos sens est la vue, que l'on considère volontiers comme le plus important. Peut-on améliorer ce sens de la vue ?

Oui, bien sûr, répondra-t-on, mais encore faudrait-il préciser le domaine d'application de cette amélioration. N'est-il pas évident que ce domaine d'épanouissement, par besoin ou vocation, sera propre à chacun ? Ne subodorons-nous pas que cette amélioration pourra se faire au sens propre vers la réalité, ou au sens figuré vers l'intellectuel, c'est-à-dire dans une acception matérielle ou spirituelle ?

Qu'est-ce que l'amélioration de sa vue pour un marin si ce n'est voir plus de signes et plus loin, de manière à prévoir le proche futur météorologique et, par conséquent, les dangers ? Qu'est-ce que l'amélioration de sa vue pour le propriétaire d'une galerie de tableaux ? Ce qui reste remarquable, c'est que dans les deux cas l'utilisation répétitive de l'œil, à la manière dont on entraîne un muscle, conduira l'un comme l'autre à une forme d'instinct-connaissance expérimental qui permettra d'appréhender des choses, présentes ou à venir, hors de portée des autres. Mais aussi, qu'est-ce que l'amélioration de son ouïe pour un maquisard rebelle, ou pour un musicien ?

En traversant le détroit de Messine, le skipper d'un yacht dit à son propriétaire : « Vous voyez, là-bas, il y a une île. » « Une île ! Comment cela ? Je ne vois rien, même avec les jumelles ! » L'explication n'est pas évidente, qui pourtant est simple : d'abord ce marin, à force d'observer l'horizon toujours plus loin, arrive effectivement à voir plus loin, mais ensuite, ce qu'il voit lui, parce qu'il le cherche, c'est cet infime amoncellement de petits nuages pâles qui flottent au-dessus des terres à leur approche et que l'on distingue alors même que celles-ci demeurent encore invisibles sous l'horizon. Ainsi, ce que voit le marin, ce n'est pas ses yeux qui le voient, c'est son esprit.

Un monsieur nommé Poulet-Malassis avait du goût pour les arts, et plus encore pour la peinture. Il avait quelque argent, acheta des peintures et puis se fit marchand. Il était devenu, à la fin de l'époque impressionniste, l'un des plus gros marchands de tableaux et collectionneurs que Paris ait jamais compté. Il achetait des toiles à des prix dérisoires, non point par esprit de lucre, mais parce que les peintres de cette nouvelle époque n'arrivaient pas à vendre, à personne et même à bas prix. Poulet-Malassis n'arrivait d'ailleurs pas mieux qu'eux à revendre ses Gauguin, Cézanne et Monet. Mais il les conservait car il y croyait. Il savait qu'un jour cela vaudrait de l'or. Ce marchand de tableaux avait-il le don de double vue ? Non ! Mais, comme le marin, il voyait plus loin, avec son esprit.

Il en est à peu près de même pour chacun de nos cinq sens. Ils sont tous susceptibles d'être améliorés dans des proportions parfois surprenantes, par raison professionnelle ou par plaisir. Vous n'ignorez pas qu'il existe une corporation de goûteurs de vin, savez-vous qu'il y a aussi des gens qui font métier de goûter l'eau ? Il est, paraît-il, des aveugles qui devinent certaines couleurs sous leurs doigts, et l'amour ne donne-t-il pas de la personne aimée une saveur inaccessible aux autres ?

> *Tout ce qui en nous est mesurable est améliorable, par raison personnelle ou professionnelle.*

De l'importance à donner à nos sens

Un citadin essaierait-il de faire la somme de tout ce que ses sens ont été à même d'enregistrer, lorsque se remémorant une journée normale, il lui faudrait convenir que cette somme, impressionnante, est supérieure à la capacité de sa mémoire et qu'elle est presque une image de l'infini, eu égard, surtout, à ces deux sens les plus sollicités : l'ouïe et la vue. Le soir, en se couchant, que lui resterait-il ?

Que le métro aérien passe à la hauteur d'un premier étage, le soir, en hiver, et le regard plonge dans des cuisines allumées, aperçoit des gens, une salle à manger. Une jeune fille referme une porte derrière elle. Quelle était la couleur de sa jupe ? de ses cheveux ? Au-delà de votre acuité visuelle et de votre perçante imagination n'êtes-vous pas en train, la minute suivante, d'inventer ce que vous n'avez pas vu ? Avez-vous conscience d'être en train d'écrire le deuxième chapitre de la vie de cette jeune fille dont vous venez d'entrevoir le premier ? Où est la différence entre ce que vous aurez vraiment vu, ce que vous avez à peine vu, et ce que vous inventez ? En somme, quelle importance faut-il accorder à ces sens dont on nous a répété qu'en permanence ils nous trompaient ?

De ce que nous venons de proposer que pourrions-nous conclure, si ce n'est que nos sens sont à la fois tout et rien ? Tout parce que sans eux la réalité ne nous est pas perceptible, rien parce que, si nous ne traitons pas cette réalité, ils ne nous servent de rien, et nous ne valons pas beaucoup mieux que des légumes.

Imaginez un monsieur en train d'écrire un livre sur le sixième sens dont le regard passe sur une affiche dans le métro. Que va-t-il se passer ? Rien, car il n'y a aucune raison pour que quoi que ce soit se passe. Imaginez alors qu'au bas de cette affiche, en grosses lettres on puisse lire... *Sixième sens.* Que se passe-t-il alors ? Notre monsieur s'arrête, lit l'affiche en entier et apprend, à la fin, qu'il s'agit d'une publicité pour une société de télécommunications. Si notre monsieur n'avait pas été préoccupé par ce sujet, jamais ses yeux ne se seraient arrêtés pour faire cet effort : lire, c'est-à-dire prendre connaissance. Il n'empêche que dans ce cas également il aurait vu l'affiche. C'est donc par le fait d'un élément en arrière de nos sens que la décision sera prise d'enregistrer ou de ne pas enregistrer telle information. Celle-ci, le cas échéant, sera rangée à un niveau en fonction de son intérêt : possible, probable, certain. Quel est cet élément ? Réponse : c'est l'esprit.

L'esprit agit comme un instrument de sélection de l'information. Sa manière de procéder est à la fois active et passive car il peut capter une information qui passe ou inventer une information qui manque.

Qui des sens ou de l'esprit... ?

Un individu normal dispose de cinq sens : l'ouïe, la vue, le goût, le toucher et l'odorat. Chacun de ces sens lui permet une relation type avec le monde extérieur, idée ou matière. Cette relation est égocentrique car elle va d'un monde extérieur périphérique vers l'individu qui en constitue le centre. Mais aussi, cela implique que nous avons à notre disposition cinq instruments de communication et rien de plus. Enfin, jusqu'à preuve du contraire, c'est ainsi.

Le sens de l'ouïe permet d'entendre les sons et les bruits. Un marteau-piqueur qui fonctionne à cent dix décibels est un bruit désagréable à l'oreille autant qu'à l'esprit. La turbine d'un avion à réaction qui hurle à cent mètres de vous est un bruit intolérable car il crée une souffrance physique. Également, un amplificateur générant des sons en basse fréquence de plus en plus puissants va d'abord détruire vos vitres et ensuite vos tympans. Ainsi peut-on admettre que l'organe de l'ouïe classe les sons en ceux qui lui sont désagréables, ceux qui lui sont indifférents et ceux qui lui sont agréables. Un son peut être agréable ou non, par nature ou par goût. Le son cristallin d'une cloche que l'on entend dans le petit matin est souvent agréable à celui qui n'a pas l'obligation de se lever. En est-il de même pour ce vieux curé arthritique à qui elle intime l'ordre de quitter son lit douillet, à cinq heures du matin, pour traverser la cour verglacée, afin d'aller dire la première messe ?

La musique est belle qui adoucit les mœurs et comble de bonheur ceux qui l'aiment. Mais qu'est-ce que la musique ? Est-ce une chanson de Jimmy Hendrix ou le concerto pour clarinette de Mozart ? Envisager de répondre à cette question implique un système de décision fondé sur la simplicité du oui ou non, aimer ou ne pas aimer. Dès lors on s'aperçoit que derrière le sens de l'ouïe, qui n'est que la faculté physiologique à entendre des sons en provenance du monde extérieur, veille le jugement personnel présent issu de l'éducation passée. L'un et l'autre, jugement et éducation, déterminent la spécificité du sens de l'ouïe propre à chacun. Le sens de l'ouïe est donc une fenêtre de l'intellect toujours ouverte sur le monde extérieur, laissant entrer en permanence des sons et des bruits agréables ou non. On peut aller plus loin dans la différenciation entre l'agréable et l'agressif. Cette chanson de Jimmy Hendrix que vous aimez entendre chez vous dans un calme relatif, l'aimerez-vous autant quand elle vous déchirera les oreilles dans une boîte de nuit ?

Derrière un sens donné, l'ouïe par exemple, l'esprit veille qui peut décider de se consacrer entièrement à ce qu'il entend, c'est-à-dire écouter. Dans ce cas, n'est-ce pas l'esprit qui écoute, plus que l'oreille ? Que se passe-t-il alors, quand l'esprit a décidé de ne plus écouter lors même qu'il continue d'entendre ?

Il semble que le sens de la vue fonctionne sur le même mode, lequel lui permet de voir ou de regarder. Dans les deux cas il s'agit d'une porte de communication dont l'état est d'être ouverte. Une restriction pourtant s'impose : si l'esprit ne peut diminuer la quantité d'informations reçues il peut en diminuer l'importance ou même la nier. Nos sens permettent donc une relation active ou passive avec le monde extérieur.

Vous êtes en train de travailler à votre bureau en écoutant une chanson qui, par instants, vous fait lever l'oreille. Vous écoutez alors avec attention et plaisir pendant une minute ou deux puis votre attention décroît et vous retournez à votre travail. Mais la chanson, que vous ne faites plus qu'entendre, continue d'entretenir votre esprit dans un état agréable. Soudain le téléphone sonne, que vous décrochez, et la voix qui chante vous perturbe. Alors vous n'entendez plus rien, pas même ce changement de rythme auquel, inconsciemment, vous vous attendiez avec plaisir.

Il vous est arrivé dans votre vie d'assister à des conférences ou de visiter des musées. Pendant combien de temps votre intellect, par le biais de votre oreille, de vos yeux, reste-t-il concentré au point d'écouter, comprendre, mémoriser ? Pendant combien de temps, par le fait de votre œil, va-t-il scruter, analyser, comprendre ce qu'il regarde ? Au bout de combien de temps ne va-t-il plus que voir et, dès lors, que va-t-il faire de tout ce qu'il aura vu sans regarder, entendu sans écouter ?

Nos sens nous fournissent un flot d'informations continu, mais la puissance de notre intellect, sa capacité à traiter l'information, décroît rapidement.

Ainsi donc, par le fait que nos sens fonctionnent, ils reçoivent des informations que notre intellect stocke ou laisse inutilisées dans un immense sas d'entrée. Mais alors, que deviennent toutes ces informations non rangées, non utilisées ?

Autre question délicate : le volume d'informations à la disposition de tous est-il en qualité le même pour chacun ? Quelles raisons feraient qu'il pût être différent ?

Et cette autre encore : disposons-nous tous de la même sélectivité, de la même puissance de traitement, des mêmes intérêts ?

L'esprit et l'intellect

Au départ il y a l'esprit. Selon son intérêt, il décide de mettre en fonctionnement l'intellect, moteur plus ou moins performant, dont l'utilité est de traiter l'information qui arrive à flots continus.

Dans la rue vous passez devant une affiche vous vantant les charmes d'un ensemble immobilier nouvellement construit. Votre œil perçoit que ledit ensemble, à tel prix le mètre carré, recèle une piscine. Et alors ? Et alors la question est là, précisément. Ou bien cette information, par intérêt, est entrée dans votre esprit, ou bien elle est restée devant vos yeux. Si elle y est entrée, votre intellect a pu l'installer à plusieurs niveaux. Au départ l'état des choses est donc simple : ou bien votre esprit est dans une configuration propre à laisser passer ce type d'information, ou bien il ne l'est pas. Comme le courant électrique.

Un premier cas, A, pourrait être celui du monsieur qui

attend un deuxième enfant et va se trouver de ce fait dans un logement trop petit. Un deuxième, B, pourrait être celui d'un monsieur qui vit dans un appartement dont il ne paie pas le loyer. Entre ces deux extrêmes, l'intérêt, ou la curiosité, de chacun peut se ranger à différents niveaux.

1. Dix-sept mille francs le mètre carré, c'est le même prix que partout.

2. À ce prix-là, juste en bordure du périphérique, ce n'est pas inintéressant.

3. Immeuble en placage pierre de taille, piscine pour les enfants...

Là, notre client s'arrête pour lire le reste de l'affiche.

4. Ce n'est pas très loin de mon travail.

5. Je n'ai pas à changer de métro, etc.

Ceci montre qu'une information donnée, la même pour tous, est traitée différemment par chacun d'entre nous, et que derrière les autoroutes de l'information que sont nos sens se cache une puissante usine de traitement dont la capacité varie selon l'intérêt de chacun. La question se pose alors de comprendre comment chacun va sentir et agir au gré de sa sensibilité, de ses états d'âme, de son expérience. Quelque chose va-t-il se dégager de cette masse d'informations reçues et de l'esprit unique de chacun, pour constituer un sens supplémentaire, une perception différente et personnelle ? En outre, si nous admettons que nous sommes tous dans le même cas, nous admettrons volontiers que ce sens supplémentaire puisse être développé différemment chez chacun.

> *L'information est permanente. L'intellect n'est qu'un moteur. L'esprit est à la fois le commencement et la fin.*

Variabilité de l'information

Nous entendions montrer dans les lignes précédentes qu'une information donnée est pour chacun d'un intérêt variable. Qu'en est-il de l'information globale que l'on peut tenir comme étant la même à la disposition de tous ? Il est clair que le positif de celle-ci est dans l'information elle-même, mais il est non moins clair que le bénéfice n'existe que pour celui qui va la recevoir. Autrement dit, quel que soit l'intérêt propre d'une information, la variabilité de cet intérêt est spécifique à chacun.

L'amélioration d'un sens donné repose sur deux conditions : l'expérience, ou l'entraînement, et le désir, vocation ou besoin. En admettant que nous soyons tous dotés des mêmes cinq sens, sommes-nous tous aux prises avec les mêmes désirs, ou besoins ? Évidemment non. Quand bien même deux individus seraient aux prises avec les mêmes désirs, réussiraient-ils à les satisfaire de la même manière ? Non encore. Pourtant ils peuvent voir, entendre, sentir les mêmes choses. Demandons à deux élèves de terminale de décrire leur lycée, le résultat sera différent. Il y a donc, au-delà de la capacité d'absorption par nos sens, que l'on pourrait tenir pour plus ou moins égale physiquement chez tout le monde, un premier élément qui génère une dynamique de repérage puis de stockage. Ce premier élément s'alimente de trois carburants : le besoin, le désir et la curiosité. C'est l'esprit. Sa caractéristique n'est pas d'être performant mais d'être toujours en manque.

Ce manque crée une dynamique forte ou faible, propre à chacun, qui va entraîner l'utilisation, avec un rendement plus ou moins bon, de l'intellect. L'intellect est un moteur qui fonctionne à la demande de l'esprit. Il ressemble à une usine de traitement ou de recyclage de l'information. Sa caractéristique est d'être puissant ou faible.

Traitement de l'information

On peut admettre que nos cinq sens agissent selon des processus identiques en constituant chacun une base de données. La base de données globale sera le mélange typique, en qualité et quantité, se référant à un individu. Si l'on accepte cette idée préalable que, d'un individu à l'autre, chaque intellect est différent tout comme l'est chaque esprit, on est en droit de penser que chacun utilise différemment ses sens et même qu'il en privilégie certains. Il y aurait du bon sens à voir là une allusion à l'inné et à l'acquis. L'acquis serait constitué de tout ce que les sens apportent, quasiment la même chose pour tout le monde. L'inné serait plus ou moins la qualité du moteur, mais surtout le besoin qui fait travailler ce moteur.

D'autre part, y aurait-il une raison à ranger ces cinq sens selon un ordre d'importance dégressif eu égard à un concept de qualité ou, mieux encore, d'indispensabilité ?

Pour nous, qui jouissons du bonheur d'être voyants, la cécité se conçoit comme un handicap insurmontable. Qu'en penserait un aveugle si on le lui demandait ? Mais aussi que penserions-nous d'un aveugle qui refuserait de recouvrer la vue contre la perte d'un autre de ses sens ? Cet aveugle aurait-il structuré un état d'équilibre qui nous soit inconnu en développant quelque autre de ses sens ?

Il arrive que nous goûtions un aliment nouveau qui évoque, suggère, des goûts plus ou moins familiers, éloignés. Quelqu'un, mangeant des amandes amères un jour, s'écriait : « Oh, on dirait du cyanure ! »

Nous cherchons toujours à associer quelque chose de nouveau à quelque chose de connu. Ce qui nous surprend nous rappelle souvent quelque chose. Peut-être s'agit-il là d'une réaction inconsciente de l'esprit tendant à se rassurer devant l'inconnu. Notre inconscient aurait-il un rôle à jouer dans cette histoire ?

Il y a des gens, plutôt d'un certain âge, qui connaissent nombre de grandes tables de France. En tant que clients ils sont aussi « grands » que certains chefs. Il y a pourtant une différence entre le chef qui « fabrique » le repas et le client qui le savoure. Le premier a développé son sens du goût en parallèle au désir de création d'une cuisine de qualité. Le deuxième n'a développé que son goût, sans le désir de créer. Ainsi donc, et à talent de dégustateur égal, l'un bénéficie d'une qualité supplémentaire qui fait défaut à l'autre : le sens de la création.

Peut-être avez-vous lu *Le Parfum* de Patrick Süskind, l'histoire d'un homme, demi-fou, ayant des odeurs un sens aigu, ce qui le transformera en un génie des parfums.

Odeur, parfum... Percevez-vous ce qui fait la différence par rapport aux autres sens ? Dans ceux-ci, c'est l'esprit de l'individu qui exerce une action sélective. Dans le cas présent, il semble que la relation soit plus le fait de la chose, entre celui qui en est le sujet et celui qui en fait l'objet. Il y a peut-être dans cette idée une différenciation possible entre sens majeurs et sens mineurs.

Nous avons tous un sens de l'odorat, lequel est plus ou moins développé, mais c'est presque indépendamment de celui-ci que la nuance entre odeur et parfum s'impose. Nous sommes cernés par les odeurs, souvent désagréables, dont la ville nous entoure, si puissantes qu'elles enferment dans une gangue les rares parfums flottant encore dans l'air du soir. La pollution à haute dose, dans laquelle nous noie l'automobile, ne serait-elle pas en train d'atrophier notre sens de l'odorat ? Les marteaux-piqueurs et autres Karchers de ravaleurs ne seraient-ils pas en train d'amoindrir la sensibilité de nos oreilles ? Les poulets en batterie de quarante et un jours ne seraient-ils pas en train de nous imposer à tous le goût uniforme d'une commune médiocrité ? Sommes-nous destinés à devenir des poulets sans ailes ? Le plastique, matériau universel, remplace peu à peu dans tous les domaines la chaleur du bois si doux à la main. Pour l'instant encore les tables de travail de la Bibliothèque nationale sont en chêne, en quoi serontelles à Tolbiac, en plastique et Novopan ? C'est à craindre. Tolbiac, où l'on a mis les livres dans les tours où ils subiront les affres des variations saisonnières, et les lecteurs dans les caves pour les y mieux conserver sans doute.

Parce que les sollicitations communément offertes à nos sens s'amoindrissent et se raréfient, la délicate sélectivité de ceux-ci diminue.

Nos sens reçoivent les informations comme un poste de radio dont la sélectivité et la sensibilité sont plus ou moins affinées.

Exemples de manifestations du sixième sens au quotidien

Beaucoup de nos actions ont une signification qui nous est parfois apparente et parfois inexplicable. L'esprit cherche à pénétrer le sens de ce qui le séduit et néglige l'intérêt de ce qui ne le séduit pas. Ces choses de la vie, quotidiennes, ont pourtant un sens, quand bien même il serait hors de notre explication.

Nous allons les aborder ici à l'aide d'exemples concrets dans lesquels chacun pourra se retrouver.

Le hasard ?

Un dimanche, il y avait concert en matinée à l'abbaye de Royaumont. Les quatre membres de la famille Dupond prirent le train tôt le matin. Ces dames étaient en chapeau, ces messieurs à vélo et se sont arrêtés seize kilomètres avant leur destination pour se donner quelque exercice. Mlle Gabrielle Dupond ne prise pas l'orgue ; pour cette raison elle refusa de prendre sa bicyclette. Au sortir du concert, M. Dupond décida que l'on dînerait ici plutôt que tard à Paris. Devant la porte d'une auberge dont on supputait la qualité, un monsieur seul s'approcha qu'ils eurent plaisir à reconnaître pour l'avoir aperçu au concert quelques instants auparavant. On échangea un sourire et la conversation s'engagea.

« Je crois pouvoir vous recommander cette auberge, dit à M. Dupond l'autre monsieur qui s'avéra être M. Durant.

– Ah bon, mais pourquoi ? interrogea Mme Dupond.

– Tout ici, madame, indique la bonne maison, répondit M. Durant. La carte, par exemple, voyez comme elle propose peu de choses. Cela laisse supposer qu'on y décongèle moins qu'ailleurs. Voyez aussi que les légumes sont de saison, que les desserts sont faits maison. Regardez aux fenêtres les petits rideaux d'anciennes cotonnades. » Puis, repenchant sur la carte un regard de myope il déclara d'un œil gourmand : « Je crois que je vais prendre le canard aux brocolis. »

Le dîner, d'un prix raisonnable, fut excellent.

« Le monsieur de tout à l'heure ne s'était pas trompé », déclara Gabrielle, gourmande, entre deux bouchées de clafoutis. « Je me demande comment il fait pour être aussi sûr de lui. »

Il faisait encore presque jour quand ils sortirent du restaurant. Bernard, le fils Dupond, invoqua la clémence du temps pour prétendre rentrer à vélo. L'argument était déraisonnable autant que la distance était grande, aussi étonna-t-il, mais on le laissa faire. Il avait quelquefois des lubies qu'il était préférable de ne pas contrecarrer.

Il arriva à la maison avant le reste de la famille, retardée par un accident de chemin de fer. Les journaux du lendemain leur apprirent que, par suite d'un déraillement, il y avait eu un mort et vingt-huit blessés dans le train en provenance de Royaumont. Par bonheur la famille Dupond n'avait fourni aucun tribut à ce fait divers.

« Tu as eu une sacrée chance », constata Gabrielle.

La pensée des autres

Jeanne est assise devant son poste de télévision. Ses yeux voient les images plus qu'ils ne les regardent. Ce soir elle a décidé qu'elle ne lirait pas et regarderait la télé. Elle a consulté le programme et constaté que rien ne l'intéressait. Alors elle regarde n'importe quoi. Tout à coup, sans raison, elle se sent assaillie par une de ces crises de nostalgie qui lui sont coutumières. Elle pense à son frère aîné, clarinettiste du rang à l'orchestre philharmonique des Pays de Loire et plus précisément à sa fille. Louise, quand elle était petite et que son père la conduisait le matin à la crèche, s'obstinait à refuser de passer le long du haut mur de pierres du lycée qu'une grille basse encerclait. Elle ne voulait ou ne pouvait s'en expliquer. Longtemps après que ses parents eurent quitté Tours, une fenêtre du quatrième étage claqua, du fait d'un coup de vent puissant, et une vitre se brisa, tombant sur un petit garçon. L'affaire fit scandale dans la ville. Jeanne avait appris cela par hasard et ne l'avait jamais répété à Louise. « C'est la grille qui devait lui faire peur, se dit-elle, mais pourquoi ? »

Plusieurs années plus tard, tous s'étaient rendus au cirque Bouglione. C'était avant qu'Albert, le mari de Jeanne, ne mourût. Le pauvre était si mal que, pourtant athée depuis toujours, il ne pensait qu'à Lourdes. La vie a de semblables retournements ! Louise pouvait avoir une douzaine d'années. Le cirque programmait, entre autres numéros, une séance de télépathie qui avait impressionné la jeune fille.

« Comment font-ils, Jeanne ? Explique-moi !

– Je ne sais pas, ma chérie. Au cirque on ne sait jamais si c'est vrai ou si c'est faux. Le monde n'est qu'illusion. »

Et Jeanne se demandait si elle aurait un jour la chance d'être sûre de quelque chose quand le téléphone sonna.

« C'est Louise !

– Oh Louise, je pensais à toi. Te rappelles-tu, quand tu étais petite, tu avais douze ans peut-être et nous étions tous allés...

– Au cirque Bouglione ! »

Atomes crochus

Les deux jeunes filles qui se sont installées récemment au cinquième et dernier étage sont étudiantes. Si l'on demandait à Mme Georget, la concierge, ce qu'elle pense d'elles, sûrement elle répondrait : « Oh, mais monsieur, ce sont des jeunes filles de province qui ont reçu de l'éducation. Elles disent toujours bonjour en souriant. » Mme Georget ne se trompe pas de beaucoup car, si tout montre en effet que ces deux jeunes filles sont bien élevées, l'une est provinciale et l'autre est parisienne. L'esprit, pénétrant, de Mme Georget souffre parfois de lacunes que comble avec à propos son imagination.

Louise et Gabrielle se sont rencontrées l'été d'avant à Belle-Île, où leurs parents avaient loué pour une quinzaine. Au-delà du bonheur que donne une amitié naissante, elles ont découvert avec surprise qu'elles intégraient ensemble l'École normale de la rue d'Ulm. C'est ainsi que dans l'esprit de chacune, très vite est né le projet de partager un petit appartement. Ce soir Gabrielle est heureuse car son frère vient dîner, qu'elle n'a pas vu depuis un an. Il est sept heures. Louise va et vient, curieuse, un peu nerveuse de penser à ce garçon dont elle sait si peu et qu'elle ne peut s'empêcher d'imaginer plutôt grand, avec des yeux bleus comme sa sœur, des lunettes et une vieille veste de son père.

En bas, la porte de l'immeuble s'ouvre et paraît un jeune homme qui se dirige vers la loge de la concierge, au carreau de laquelle il frappe.

« Monsieur ? fait Mme Georget en même temps que cette pensée spontanée lui traverse l'esprit : *Je suis sûre que c'est pour les petites du cinquième.*

– Mlle Gabrielle Dupond ?

– Cinquième gauche, mon garçon », et en son for intérieur elle ajoute : « Bizarre, j'aurais juré que c'était pour l'autre. »

Cinq étages plus tard la porte du petit trois-pièces s'ouvre avec vivacité.

« Bernard ! » s'écrie Gabrielle, avec un sourire heureux.

Derrière elle paraît Louise, les bras le long du corps, mince et blonde, souriante et timide, mais amusée.

La porte claque en se refermant, cependant que Gabrielle se campe à un mètre de son frère pour le dévisager de bas en haut.

« Je te présente Louise, dit-elle. C'est drôle, j'ai l'impression que tu as encore grandi, ou alors tu as maigri, dit-elle pendant que le regard clair des deux autres se croise. Mais qu'est-ce que c'est que ces chaussures, s'esclaffe-t-elle, on dirait celles de papa ! »

« Tu fais toujours des maths ? lui demande-t-elle un peu plus tard, pendant qu'ils sont à table.

– Oui, mais j'ai démarré une activité parallèle, je joue aux courses.

– Et vous gagnez ? questionne Louise, haussant les sourcils.

– Oui, je gagne, mais pas beaucoup. C'est une question de moyens financiers.

– Comment faites-vous ?

– Pour quatre-vingt-cinq pour cent, c'est de la technique, des statistiques, des calculs de probabilité, et pour quinze pour cent, c'est le flair, les combines entre écuries, l'intuition peut-être.

– L'intuition féminine ! », s'exclament les deux jeunes filles en éclatant de rire.

Nous possédons tous une qualité unique, issue du mélange de l'esprit et des sens, dont nous sommes souvent inconscients.

Instinct ?

Ces gens que le temps d'un instant nous avons regardé vivre, c'est nous. Tout ce qui fait leur vie pourrait faire la nôtre.

Lorsque M. Durant, devant la porte d'un restaurant, assure : « Ici on doit bien manger, vous pouvez me croire », et qu'il s'avère qu'il a raison, est-ce parce qu'il possède un sixième sens propre aux gourmets ? Non, certes pas, et nous vous avons proposé l'explication de la bouche même de M. Durant. Tout dans cette maison avait l'air sérieux. Rien n'y dénotait l'aguicheur qui aurait pu laisser soupçonner l'artificiel. M. Durant est certes conscient de certains détails qui conduisent son esprit à un jugement : ici ce sera bon, ici non. Une question pourtant demeure : M. Durant possède-t-il en plus de son esprit d'observation une qualité ou un sens supplémentaire, qui le font parler avec tant d'assurance ? Les odeurs, les couleurs, les lumières des maisons de qualité seraient-elles différentes ? Quelle est la part de l'expérience du gourmet, fondée sur le plaisir gastronomique, et la part de quelque chose de différent, qui lui serait propre ? Ce sens précédait-il la vocation gastronomique, ou bien la vocation gastronomique est-elle venue en découvrant ce don ? Quoi qu'il en soit, ceci confirmerait une proposition que nous avons déjà faite, à savoir : un sens s'aiguise par le plaisir.

Prémonition ?

Lorsque Bernard Dupond, pour des raisons personnelles, refuse de prendre le train pour rentrer à Paris, est-ce un caprice ou une prémonition ? Une prémonition étant l'avertissement, antérieur à un événement, que cet événement va arriver. Le jeune homme est-il averti que le train de Royaumont va dérailler ? Non, il n'est averti de rien, il ne se méfie de rien. Simplement, il veut revenir à vélo. C'est tout ! D'accord, mais pourquoi ? En effet, pourquoi ? C'est bien là qu'est la question. Mais aussi, toutes nos actions procèdent-elles de raisons précises et conscientes ? Il y a des tas de choses que nous faisons sans l'avoir décidé. Le jeune homme ne se pose pas la question de savoir s'il va échapper à un accident de chemin de fer. Pour lui le cas est simple : il ne voulait pas rentrer en train, alors il a échappé à l'accident. Et le cas n'est surtout pas celui qui pourrait s'énoncer ainsi : parce qu'il a eu une prémonition, un jeune homme échappe à un accident de chemin de fer. Autrement dit, dans l'esprit de Bernard Dupond, il y a en l'occurrence manifestation de l'un de ces mille et un hasards de la vie qui se voient ou ne se voient pas, mais qui sont le lot de tous. Pour d'autres, il y aura là prémonition. Si Bernard Dupond pouvait prévenir de tous les accidents de chemin de fer, il y aurait assurément sixième sens et il ferait fortune. L'opération n'étant pas répétitive, elle ne serait que le fruit du hasard.

Il y a là une donnée, la « répétitivité », que nous allons rechercher en permanence tout au long de ce voyage à la poursuite du sixième sens. Si quelque chose se voit répété, cela entraîne la possibilité de l'observation puis de l'analyse et enfin de la reproduction en termes de causes et de conséquences. Mais si quelque chose arrive en dehors de toute règle connue, analysable, la question demeure : comment l'appréhender ?

Psychologie ?

Lorsque Mme Georget, la concierge, se fait la remarque : « Tiens, j'aurais juré que c'était pour l'autre », elle fait preuve d'une talentueuse sagacité, car elle ne se trompe pas. Si une relation amoureuse peut advenir entre Bernard Dupond et l'une des deux jeunes filles, ce n'est certes pas avec sa sœur Gabrielle, mais avec Louise. Il faut reconnaître que Mme Georget est perspicace dans son genre. D'abord elle se dit que ce jeune homme vient pour les deux jeunes filles du cinquième, mais encore elle devine à l'avance, elle prévoit, avec laquelle des deux une relation est susceptible de démarrer. Nous verrons plus loin si elle a raison. D'où vient cette clairvoyance de la concierge ? De son expérience, sans doute. Sa curiosité l'aide également à comprendre certaines choses. Son sens de la responsabilité a affiné le regard qu'elle porte sur son domaine. Après tout c'est son immeuble, n'est-ce pas ? Assurément Mme Georget aurait dû s'établir voyante. Avec une telle curiosité et une telle intuition elle eût fait carrière comme médium !

Ainsi, si nous essayons de résumer cette première approche de notre question « Le sixième sens existe-t-il ? », nous sommes en mesure de croire que, le cas échéant, il proviendrait pour une bonne part du dosage spécifique de certaines qualités propres à un individu : instinct, expérience, psychologie, sens de l'autre. Mais ce n'est pas tout.

De l'intuition à l'inconscient : l'intuition

Définition

• Pour Plotin, dans les *Ennéades :* « L'intuition est la connaissance absolue fondée sur l'identité de l'esprit avec l'objet qu'il connaît. »

• Plus proche de nous, Descartes considère que : « la connaissance intuitive est une illumination de l'âme, où elle aperçoit dans la lumière de Dieu les choses qu'il Lui plaît de nous révéler par une impression de clarté divine dans notre entendement, qui en cela n'est pas considéré comme un agent, mais seulement comme récepteur des rayons de la divinité. »

• Avec Bergson l'intuition retrouve, en ce début de siècle, une « intelligence » toute particulière. Pour le philosophe : « l'intuition est l'intimité, le sentiment total de fusion avec l'objet de connaissance, la sympathie par laquelle on se place à l'intérieur de l'objet pour coïncider avec ce qui, en lui, est unique. »

On le voit bien, de la philosophie grecque à l'aube du troisième millénaire, la définition de l'intuition a évolué tout en gardant – cachée au travers de mots – une notion de « révélation ».

Il est pertinent de conclure de tout cela que l'acception la plus générale du mot intuition est la connaissance préalable de quelque chose.

Soit il s'agit de quelque chose qui n'existe pas encore mais qui arrivera. Dans ce cas, on parle d'un fait. Soit il s'agit de quelque chose qui n'est pas encore démontré, mais qui le sera. Il s'agit dans ce deuxième cas d'une idée.

Intuition et voyance

Cette pré-connaissance, précognition, peut s'exercer dans les domaines les plus divers, toujours en référence au futur. Quelle pourrait être alors la différence entre intuition et voyance ? Ce n'est pas simple.

Dans la voyance il y a le fait de voir quelque chose qui existe en l'état et que seuls quelques individus distinguent. C'est une affaire dans le présent. Il n'y a pas dans la voyance de réelle vision du futur, tout au plus une interprétation, intuitive précisément, issue dans tous les cas de l'inconscient collectif. Cette sensibilité à l'inconscient collectif génère chez le « voyant professionnel » une voyance toujours plus ou moins assimilable à un retour de l'ascenseur. Il puise dans l'inconscient populaire ce qu'il renvoie au conscient populaire. Ainsi la boucle est-elle bouclée à la satisfaction de tous. On pourrait voir là l'effet de la loi de la demande et de l'offre.

Les hommes politiques sont pour la plupart superstitieux, et rares sont ceux qui ne consultent pas de voyants à la veille d'élections. Cet exemple définit bien ce qu'est la voyance tout en en limitant l'acception.

En l'occurrence, que voit le voyant, en admettant qu'il y ait quelque chose à voir ?

Ce qu'il voit, c'est un état actuel des choses, c'est-à-dire l'état actuel d'un corps électoral. Il sent ce corps électoral comme un seul être et, à partir de là, prétend voir ses réactions futures en tant que conséquences inséparables d'un état présent. On pourrait dire qu'il s'agit de la connaissance d'un état présent qui va entraîner un autre état présent. Dans ce cas, la voyance ne serait guère que le fait de croire voir (deviner) ce que les autres ne voient pas.

Il est utile de souligner une autre différence entre voyance et intuition. La perception de l'intuitif est subjective. Elle part toujours de ce qu'est le percevant, pour créer quelque chose qui n'existe pas encore mais que son esprit conçoit par avance. Dans le cas de la voyance, l'élément générateur est ce qui doit être vu, appelons cela l'« objet », lequel est existant soit dans le présent, soit dans le futur. Le voyant est donc une personne dont l'activité spécifique est non subjective et non créatrice : il voit ce que les autres ne voient pas, dans le présent ou le futur. Le voyant peut faire de son activité une profession. En revanche, il n'existe pas d'intuitifs professionnels.

C'est la chose à voir qui fait le voyant mais c'est l'intuition qui fait exister cette chose.

Une voiture s'engage sur l'avenue. Un petit garçon et son père, de l'autre côté, attendent que le feu passe au vert. Soudain, une vieille dame pousse un cri qui s'étouffe dans sa gorge, couvert par le bruit. La seconde suivante le petit garçon se précipite sur le passage clouté. Les freins de l'automobile crissent et l'enfant se trouve projeté à trois mètres de là sans plus de gravité qu'une lueur de frayeur dans les yeux.

> *« Nous appelons ici intuition la sympathie par laquelle on se transporte à l'intérieur d'un objet pour coïncider avec ce qu'il a d'unique et par conséquent d'inexprimable. Au contraire, l'analyse est l'opération qui ramène l'objet à des éléments déjà connus, c'est-à-dire communs à cet objet et à d'autres (...). Il y a une réalité au moins que nous saisissons tous du dedans, par intuition et non par analyse. C'est notre propre personne... notre Moi. »*
>
> (H. BERGSON, *La Pensée et le Mouvant.*)

Lorsque la vieille dame de l'autre côté du trottoir pousse un cri, sait-elle pourquoi ?

Une première hypothèse serait qu'elle voit par avance l'accident qui va se produire. Elle « voit » le petit garçon s'élancer sur la chaussée, puis l'accident, comme elle verrait les images fixes d'un rêve défiler sous ses yeux. À vrai dire, le voit-elle ou l'imagine-t-elle, selon sa sensibilité, avec ce réalisme de certains rêves qui ont l'air plus vrais que la réalité ? Il y a dans ce processus de l'imaginaire une transposition vers une mise en scène, générée par le psychisme de la dame. Dans ce cas, quelle est la qualité de hasard qui fait que l'accident arrive tel qu'elle l'avait pré-vu ? De plus, l'accident se produit-il exactement tel qu'elle l'avait prévu ? Voit-elle, vraiment et par avance, le petit garçon bousculé se retrouver assis par terre, étonné par le choc ?

Une seconde hypothèse serait que la vieille dame n'est pas parisienne mais de passage. Ce n'est pas la première fois qu'elle vient à Paris, mais elle est un peu anxieuse, plutôt sur le qui-vive. Grand-mère, elle a des enfants et des petits-enfants mais, surtout, c'est une ancienne nourrice. Bien des fois elle a fait cette observation qu'avec certains enfants elle n'avait aucune communication et, avec certains autres, une communication entière et immédiate à ce point que, dans certains cas, elle pouvait prévoir leurs réactions face à un événement donné, comme s'il s'agissait d'elle-même. Hélas, elle n'est ni assez intelligente, ni assez cultivée pour analyser et comprendre pourquoi, mais cela l'a toujours fascinée. C'est le hasard, avait-elle accoutumé de conclure, les enfants sont tous différents. Dans le cas présent, lorsqu'elle a vu le petit garçon de l'autre côté de l'avenue, elle a su spontanément, mais de manière inconsciente, ce qu'était ce petit garçon. Aussi, lorsque cette folle idée lui a traversé l'esprit, à lui, elle l'a su dans l'instant même. Alors elle a ouvert la bouche pour crier, deux secondes avant qu'il ne s'élance.

Cette deuxième hypothèse est presque contraire à la première.

Dans le premier cas il s'agirait de quelqu'un qui voit par avance quelque chose qui n'existe pas dans le présent, et dans le deuxième il s'agit d'admettre que quelqu'un, l'espace de quelques secondes, s'est assimilé à l'esprit d'un autre au point de savoir sa réaction immédiate.

La première hypothèse procéderait de la voyance : la dame n'a pas eu une vision préalable de l'accident, mais seulement l'idée que celui-ci inexorablement allait arriver. La deuxième hypothèse serait le fait de l'intuition et, par expérience, nous l'admettons sans savoir l'expliquer.

FAIRE CONFIANCE À SON INTUITION

« Faites l'examen des sentiments et des idées que vous nourrissez à l'égard de l'action intuitive. Faites-vous réellement confiance à votre intuition ? Si vous ne le faites que dans certains cas, pourquoi pas à d'autres moments ? Quelles idées toutes faites sur l'intuition avez-vous reçues ? Identifiez-les et faites-en la liste. Si nécessaire, vous pouvez utiliser des propositions ayant pour but de les neutraliser. Enfin, essayez de vous rappeler une occasion où vous vous êtes laissé guider par l'intuition. Qu'avez-vous ressenti alors ? [...] Après avoir remis de l'ordre dans vos pensées et dans vos sentiments, essayez d'utiliser votre intuition dans des occasions d'importance mineure. Jouez avec vous-même. Par exemple, trouvez le meilleur trajet pour rentrer chez vous à l'heure de pointe, ou le meilleur endroit pour trouver un taxi. Faites appel à votre intuition pour trouver où vous pourrez garer votre voiture. Pouvez-vous deviner la couleur de la voiture à côté de laquelle vous allez vous garer ? Quand vous attendez devant plusieurs ascenseurs, devinez lequel arrivera le premier. En ce qui concerne la météo, êtes-vous vraiment prêt à changer vos projets parce qu'on annonce une tempête de neige, ou avez-vous l'impression qu'il ne se passera rien ? »

(S. OSTRANDER *et* L. SCHRŒDER, *Les Fantastiques Facultés du cerveau,* Éditions Robert Laffont, coll. « Les énigmes de l'univers ».)

De l'analyse à l'intuition

Lorsqu'à la fin du siècle dernier les premières maisons sont sorties de terre sur la presqu'île de Manhattan (New York), elles ne précédèrent les premiers gratte-ciel que de deux générations peut-être. Un Européen fraîchement immigré aurait alors pu faire de la situation l'analyse suivante : cette presqu'île n'est pas extensible. Sa topographie offre une excellente opportunité au commerce maritime. Les relations avec le Vieux Continent ne peuvent que décupler.

Conclusion :

a) Eu égard à la création d'une ville, cet endroit de surface insuffisante n'a aucun avenir.

b) Dans cinquante ans, par manque de surface, cet endroit sera couvert de *buildings* de cinquante étages.

Une analyse est une définition-quantification d'un élément à l'aide de systèmes de mesure prédéfinis. L'analyse d'un terrain, c'est d'abord celle de son sol, puis la mesure de sa longueur, de sa largeur, de sa planéité ; c'est également une référence à sa subordination météorologique, etc. Une analyse peut donc être plus ou moins complète, orientée, eu égard à la destination de l'élément analysé. En tout état de cause, une analyse reste la définition même de la non-invention. Ensuite, c'est au regard d'un observateur que la chose analysée prend un sens ou même une valeur. Certains verront immédiatement un futur possible à cette chose, une ou des utilisations évidentes. Ce sera un fait de l'imagination. Il n'y a jamais d'imagination sans une analyse préalable laborieuse.

Imaginons maintenant que le sous-sol de l'île de Manhattan ait été, non point rocheux et propre à la construction, mais vaseux comme celui de l'île de Nantucket, un peu plus au nord-est. New York aurait-elle alors existé ?

Cent ans plus tard il est aisé de justifier cette analyse impliquant que la ville de New York ne pouvait échapper au destin vertical qu'elle s'est donné entre-temps. Mais cent ans avant, il fallait une sacrée imagination pour voir sur cette presqu'île une ville de trois millions d'habitants, et il fallait une intuition encore plus grande pour décider que ce serait là et pas ailleurs que s'élèverait une ville, faubourgs ajoutés, de la taille de Londres.

On peut donc admettre que l'intuition n'est que la phase finale d'une chaîne ainsi composée : *primo*, une parfaite connaissance/assimilation d'une donnée réelle analysée. *Secundo*, une capacité patente de l'imagination. *Tertio*, la certitude qu'entre toutes les possibilités imaginables, une seule existera.

Enfin, il serait judicieux de faire une différence entre ce que l'on pourrait appeler *l'intuition active* et *l'intuition passive*, s'il en est une. L'intuition active étant dictée par la certitude qu'il faut faire quelque chose, telle chose et pas une autre. C'est peut-être aussi cela l'intuition : quelque chose qui ne fait pas entrer en ligne de compte le calcul analytique de l'esprit mais la sensibilité. Quant à l'intuition passive, tout en relevant à l'évidence de la même sensibilité, il lui manquerait l'inéluctable spontanéité du passage à l'acte. Ne sommes-nous pas nombreux à posséder cette forme d'intuition passive ? Si la réponse est oui, comme nous sommes en droit de le croire, faut-il en déduire que le cas d'intuition passive, celui qui ne conduit pas à l'acte, ne peut pas être assimilé à l'intuition ? Nous voilà revenus à la case départ avec toutefois cette quasi-certitude en plus : il ne peut y avoir intuition sans passage à l'acte.

Hasard, intuition, ou rien du tout ?

C'est la nuit. Un bateau veut rentrer dans le port de Trouville. Un brouillard épais limite la visibilité d'autant plus qu'en mer il n'y a pas, comme sur terre, d'arrière-plan qui puisse renseigner, ne serait-ce que dix mètres de route. À bord se trouvent le skipper, sa femme et ses trois enfants. La mer grossit. Retourner vers le large serait une folie car un coup de vent menace et puis, avec de la chance, dans une demi-heure on sera à bon port. On entend la corne de brume, toute proche. Mais, comme toujours dans le brouillard, on l'entend de tous les côtés. Le skipper s'angoisse. Les autres ne se rendent compte de rien, pour l'instant. Mais ils savent que l'on va arriver, car eux aussi entendent la corne de brume.

« Je prends à babord ou je prends à tribord ? »

Rien, strictement rien, n'est susceptible de fournir un élément de décision. Pourtant il faut décider. « Et puis zut ! je prends à babord ! »

Cette décision n'est pas intuitive mais subordonnée au hasard. Il n'y a pas d'éléments, en l'occurrence, qui permettrait d'élaborer un raisonnement fonctionnel. Dans cette affaire, ni le raisonnable ni le déraisonnable ne sont en jeu. La seule loi est celle du hasard, une chance sur deux. Pourtant, si notre skipper avait voulu confier son choix au seul hasard, il n'avait qu'à tirer à pile ou face. Mais non, en dernier ressort il a voulu prendre lui-même sa décision, sa responsabilité. Il a voulu exister, comme s'il s'autorisait à croire qu'il y ait eu en lui-même quelque chose d'inconnu capable de défier le hasard et les sauver tous, ou bien quelque chose de suffisamment intéressant en lui pour qu'une volonté divine pût s'intéresser à son cas et le sauver. D'ailleurs il a bien fait car, une douzaine de minutes plus tard, angoissantes, il distinguera à la limite des cailloux, à travers la brume, la lueur du phare qu'il connaît bien et qu'il doit laisser sur tribord.

Quand enfin il coupe le contact du moteur, une peur rétrospective, incontrôlable, lui soulève l'estomac tandis que sa fille de huit ans lui crie d'en bas : « On est arrivés, papa ? »

Dans ce retour dangereux au port, il n'y a de place ni pour l'intuition, ni pour l'imagination et le problème se pose par le fait même de l'inutilité de l'analyse. Réfléchir ou non, analyser ou non, ne conduit à aucune présomption objective acceptable. Rien n'apparaît à l'esprit qui lui soit interprétable, consciemment ou non. C'est cela qui fait la différence avec le cas d'intuition possible. Pour qu'il y ait intuition il faut qu'il y ait une réalité interprétable. Cela nous conduit aux deux schémas de compréhension suivants.

a) Premier temps : conscience plus ou moins immédiate et analytique de quelque chose. Deuxième temps : imagination d'une solution possible. Troisième temps : décision intuitive que la solution imaginée est la bonne. Enfin, il y a le passage à l'acte.

b) Le premier temps reste le même avec toutefois plus de conscience et moins d'analyse. Ce qui diffère ensuite, c'est l'évidence de l'intuition sans passage par l'imagination. Enfin, comme dans le premier cas, il y a passage à l'acte.

Le deuxième cas relève d'une psychologie plus féminine.

Hasard, intuition et résultat

Pendant ce temps, au casino de Trouville, on joue. C'est dimanche soir et la foule des Parisiens ordinaires est repartie. On ne peut pas dire des joueurs présents qu'ils soient des professionnels, mais ce n'est plus la même clientèle. Ces gens ne sont pas venus pour s'amuser mais pour jouer. Il y a moins de monde, moins de bruit, comme si l'on était là entre soi. Un jeune couple s'est arrêté devant une table de roulette. Ils n'ont pas plus de vingt-cinq ans. Il lui parle à voix basse en regardant vers les tables. Elle l'écoute amoureusement. Mais on la sent nerveuse.

« On ne peut pas être certain de gagner, lui explique-t-il, l'œil rivé sur la petite boule qui roule, qui roule. La seule martingale qui permette de gagner à coup sûr rapporte deux cents francs pour trois heures de jeu ininterrompu à une table de roulette. En plus, au bout de deux ou trois fois, tu es repéré et le casino te vire comme indésirable. »

Elle a un petit rire.

« C'est quoi, ta méthode ? Car j'imagine que tu en as une.

– Bien sûr ! Ma méthode c'est quatre-vingt-cinq pour cent de technique et quinze pour cent de hasard.

– C'est vrai, j'ai déjà entendu cela. »

Ils s'arrêtent pour regarder quel numéro va sortir cette fois. « Le 32 rouge, pair et passe », entend-il annoncer.

« Personne n'avait joué le 32 », constate-t-elle.

« Faites vos jeux s'il vous plaît », lance le croupier, puis, trois à quatre minutes plus tard : « Les jeux sont faits... »

Le jeune homme, d'un geste rapide, place un jeton de deux cents francs sur le tapis et lance : « Le carré 32/36. »

« ... Rien ne va plus », termine le croupier en disposant soigneusement le jeton à l'intersection du carré qui délimite les numéros 32 – 33 – 35 – 36.

La boule blanche roule encore sur les bords lisses et excentrés de son petit vélodrome. Bientôt elle perd de la puissance que lui avait insufflée le croupier et vient frapper le premier obstacle. Vaillante elle continue et se cogne au second. Avec l'obstination sérieuse d'une petite boule désireuse de bien faire, elle repart, mais bientôt les difficultés s'amoncellent et, encore une fois, désabusée, mon Dieu quelle vie, elle se laisse aller dans le sens du courant de case en case, pourtant encore hésitante. Dans un dernier effort rageur, elle tressaute, s'installe sur le 12 rouge et... mais non, car voilà que dans un ultime soubresaut, par coquetterie peut-être, elle franchit de la case mitoyenne l'infranchissable rempart et retombe, de l'autre côté. C'est le 35. « 35, noir, impair et passe », annonce le croupier.

« Tu as perdu, fait la jeune femme.

– Non, j'ai gagné. »

« Le dernier carré, huit fois », annonce le croupier en levant les yeux vers le jeune homme pour avoir confirmation.

Et celui-ci se penche au-dessus de la table pour ramasser ses jetons.

« Combien as-tu gagné ? interroge la jeune femme, excitée.

– Seize cents francs.

– Recommençons ! »

Ainsi que le dit le jeune homme, il y a dans les jeux de hasard une part de certitude et une part d'incertitude. Par le fait de l'analyse, le joueur espère diminuer le facteur incertitude, qu'il s'agisse de roulette, de bridge, ou de poker. Selon que l'on accroît l'une par rapport à l'autre, le gain augmente ou diminue au prorata du risque. Mais aussi, et le vrai joueur sait cela, il y a des moments où une force puissante, à laquelle il aime se fier, le pousse à jouer sans réfléchir, parfois même à jouer sans l'avoir décidé. Les joueurs croient à leur instinct. C'est ce que vient de faire le jeune homme en décidant de jouer le carré du 32, lors même que le 32 venait de sortir. Il y avait chez lui un amour des chiffres qui n'était pas sans poésie, mêlé à un désir effréné d'en pénétrer le sens, au mépris même de ses lois.

Cet acte spontané procède de l'intuition car il découle de la conviction qu'un événement va arriver, conséquent à un acte donné.

« Il n'en est pas moins vrai que l'intuition sensible est en Mathématiques l'instrument le plus ordinaire de l'invention. »

(H. Poincaré, *Valeur de la science, 1.*)

« Elle eut l'intuition soudaine qu'il n'y avait rien à espérer de cette visite... »

(J. Green, *Adrienne Mesurat.*)

Intuition et illusion

Un grand danger, cependant, guette l'intuition, lorsque, s'étant révélée fausse, elle montre par là même qu'elle n'était qu'illusion.

Un romancier que l'on pourrait typiquement associer à l'intuition est Jules Verne (1828-1905), qui mit au service d'un esprit scientifique rigoureux une puissante imagination. À son époque, on l'accusa d'inventer au-delà même du vraisemblable, autrement dit de créer de l'illusion. Pourtant, nombre de ses intuitions sont devenues réalité. Citons trois de ses titres parmi les premiers : *Voyage au centre de la terre* (1864), *De la terre à la lune* (1865), *Vingt Mille Lieues sous les mers* (1870). Du premier de ces trois titres, écrit à l'âge de trente-six ans, on peut dire qu'il est œuvre d'imagination, certes, mais des deux autres, qu'est-ce là si ce n'est l'expression d'une intuition forcenée qui ne faisait que précéder d'un siècle sa réalisation ?

Quand on songe à tout ce qui s'est passé dans ce seul siècle, plus que dans les vingt précédents, on ne peut être que pantois d'admiration devant ce maître visionnaire, ce génie de l'intuition. L'imaginaire de Jules Verne se fondait sur une connaissance sagace de la science de son époque, lui permettant une analyse lucide. Que penser alors de *Voyage au centre de la terre*, qui semble démontrer le peu de distance qui sépare l'intuition de l'illusion ? L'illusion ne serait-elle qu'une intuition perdue ?

> *« Les découvertes de l'intuition doivent toujours être mises en œuvre par la logique. Dans la vie ordinaire comme dans la science, l'intuition est un moyen de connaissance puissant, mais dangereux. Il est difficile parfois de la distinguer de l'illusion. »*
>
> (A. CARREL, *L'Homme, cet inconnu.*)

De l'intuition à l'analyse

Au terme d'un automne anglais, un certain Isaac Newton (1642-1727) faisait un jour la sieste sous les pommiers d'un verger. Cet homme, humaniste autant que scientifique, formé à Cambridge, était mathématicien, physicien et astronome. Quand soudain sur le chef une pomme lui chut, qui lui fit découvrir l'attraction universelle. C'est ainsi que l'anecdote aime à raccourcir la vérité. Il y a du bon sens à croire cette histoire. Que résume-t-elle ? Elle résume le fait que des yeux donnés, servis par un intellect donné, d'une formation donnée, ont vu tomber un fruit. Ce que voyant, l'esprit en arrière de cet intellect s'est trouvé submergé par l'évidence d'une obligatoire explication mathématique, fondée sur la notion de masse, de vitesse et d'espace. C'est ainsi que Newton s'acharna à démontrer, selon les lois mathématiques, ce qui pour lui relevait de l'évidence. Dès lors il lui fallut faire coïncider ses désirs avec les résultats de l'analyse mathématique, afin de prouver que son intuition était bonne.

Pourquoi personne avant Newton n'avait-il eu cette idée ? Parce que, pour mener à terme une idée comme celle-là, plusieurs conditions sont nécessaires.

D'abord, une condition d'opportunité. En effet, comment voulez-vous qu'un enfant de huit ans, fût-il le plus intelligent, commençant à ânonner ses tables de multiplication, puisse imaginer que la trajectoire du caillou qu'il lance dans la mer répond à une équation mathématique précise ?

Cela montre que l'invention, la découverte de certaines choses, ne peuvent avoir lieu que parce que les outils les permettant sont eux-mêmes existants.

Deuxièmement, il s'agissait d'un monsieur qui avait appris des mathématiques et de l'astronomie tout ce qui se pouvait apprendre à son époque et ce, dans une université renommée, Cambridge.

Troisièmement, il s'agissait en l'occurrence de l'un des plus authentiques génies en mathématiques de l'histoire de l'homme. Cela n'est pas sans incidence.

Quatrièmement, il fallait que cet esprit fût étonnable. En effet, et cela met un terme de qualité à ce court exposé de critères *sine qua non*, à quoi servent les plus belles qualités intellectuelles si l'on est incapable de s'étonner, donc de questionner ?

À l'occasion des cours de gymnastique que suivent les élèves pendant une scolarité, tous ont lancé le poids. Combien d'entre eux se sont fait cette observation que, pour l'envoyer le plus loin possible, il était nécessaire de le projeter selon un angle donné ? Combien parmi ceux-là ont eu l'intuition que cet angle ne pouvait être que de quarante-cinq degrés ? Une fois cette intuition acquise, il convient de la démontrer. Cet exemple, plus simple que le précédent, est le même, et démontre qu'une intuition ne peut exister que lorsqu'elle est en possession des informations propres à entraîner sa démonstration. En cas d'erreur il s'agit d'illusion.

On pourrait établir à la lueur de cet exemple que l'intuition, pour exister, doit passer par certains critères. Nous avons beaucoup œuvré en ce sens, pourtant, il n'en demeure pas moins vrai que n'importe qui est susceptible d'avoir des intuitions, tout simplement parce que l'air du temps est le même pour tout le monde.

Aussi conclurons-nous sur ce joli propos : « Chacun a les intuitions qu'il mérite. »

CAPTER UNE INFO DU FUTUR

« Pour tenter d'expliquer l'intuition, on a dit que l'esprit se projetait en avant dans l'espace et le temps pour capter une information "inscrite dans le futur". On appelle généralement ce phénomène la "voyance voyageuse".

Ce voyage de l'esprit, dans l'espace et le temps, en avant ou en arrière, n'est peut-être pas impossible selon les récentes découvertes d'un scientifique anglais, Ruppert Sheldrake, qui parle de "champs morphogénétiques" invisibles mais capables de véhiculer la pensée, toutes les pensées, passées, présentes et futures.

La définition de ces champs morphogénétiques expliquerait la fameuse "idée qui flotte dans l'air", sans tenir compte du continuum espace-temps. C'est peut-être de cette manière que certaines "idées géniales" ont été puisées dans le futur par des esprits tels que Léonard de Vinci, Jules Verne, Jonathan Swift, Albert Einstein, et bien d'autres encore. »

(R. L. Mary, *Hypnose et Télépathie,* Éditions De Vecchi.)

De l'intuition à l'inconscient : l'inconscient

Définition

• Andrée Roberti dans *Comment se psychanalyser soi-même* détermine, en se rapportant étroitement aux travaux de Freud, les fonctions du Moi (le conscient), du Ça (ou l'inconscient) et du Surmoi. Voici ce qu'elle dit de la nature de ces différentes instances :

« Le Ça (ou l'inconscient). C'est la partie la plus inaccessible de la personnalité, à laquelle échappent la moralité et tout jugement sur le bien et le mal. Son énergie provient de pulsions primitives et irraisonnées, au service du plaisir et de la jouissance. »

« Le temps lui est étranger, contrairement au *Moi*, et les désirs et les pulsions ont, pour lui, un caractère permanent ; à tel point qu'il conserve toute son agressivité pendant des années et des années. Ce n'est que lorsque ces pulsions, par le biais de la psychothérapie, sont perçues par le conscient qu'elles perdent leur énergie et deviennent un fait appartenant au passé. »

• Le poète Pierre Jean Jouve, dans *Sueurs de sang*, donne une définition en relation avec les multiples facettes de l'homme : « Nous avons connaissance à présent de milliers de mondes à l'intérieur de l'homme, que toute l'œuvre de l'homme avait été de cacher. » Le mot inconscient n'apparaît pas dans cette approche et pourtant... il est si présent !

• Pierre Janet approche la notion d'inconscient par la réalité : « L'activité humaine se présente quelquefois sous des formes anormales, mouvements incohérents et convulsifs, actes inconscients ignorés par celui-là même qui les accomplit, désirs impulsifs contraires à la volonté et auxquels le sujet ne peut résister. »

• Dans le *Confort intellectuel*, Marcel Aymé parle « des profondeurs viscérales de l'être humain, ces infrastructures du spirituel, ces caves infernales du rêve et de l'inconscient que nos scaphandriers de la littérature se flattent d'explorer en long et en large... » Il s'agit là d'une autre vision.

Ces définitions montrent bien que le sujet – s'il est porteur – est pour le moins difficile à aborder avec retenue et objectivité.

Dans le cadre de notre recherche sur ce que pourrait être le sixième sens, nous sommes déjà en devoir de nous demander quel rapport ce dernier entretient avec le conscient et l'inconscient. Rappelons-nous à quel point nous nous sommes sensibilisés à la capacité d'absorption de l'intellect et à sa capacité de discernement.

En tout cas, s'il y a un sixième sens, il ne peut trouver de racines ailleurs que dans l'inconscient.

Notre vie est une succession d'actes, et notre vie intellectuelle une succession de pensées. Ces actes, ces pensées, sont-ils toujours voulus, conscients ? À l'évidence, la réponse est non. Alors, quelle en est la raison, l'explication ? Où trouvent-ils leur origine, leur pourquoi ? Dans l'inconscient. Certes, l'observation de l'individu et la recherche des causes cachées de ses actes avaient conduit à cette question bien avant la fin du XIXe siècle. Pourtant, c'est seulement à cette époque qu'un certain docteur Freud décida qu'il y avait forcément une explication aux actes inconscients, aux pensées incontrôlées de l'individu, et que cette explication ne pouvait se trouver que dans son psychisme.

> *« Enfin l'activité humaine se présente quelquefois sous des formes anormales, mouvements incohérents et convulsifs, actes inconscients ignorés par celui-là même qui les accomplit, désirs impulsifs contraires à la volonté et auxquels le sujet ne peut résister. »*
>
> (P. JANET, *L'Automatisme psychologique.*)

> *« [...] un personnage comique est généralement comique dans l'exacte mesure où il s'ignore lui-même. Le comique est inconscient. »*
>
> (H. BERGSON, *Le Rire.*)

Agissant ainsi, s'inscrivant dans une position aussi précise, Freud n'allait pas vraiment à contre-courant mais il prenait une position radicale et déviante vis-à-vis du corps médical. Freud prétendait en effet soigner certaines maladies mentales que la médecine classique laissait de côté en se déclarant impuissante – entre autres, l'hystérie. En l'occurrence, il mettait la charrue avant les bœufs, tout comme Newton, parce qu'il agissait sur une certitude, une intuition dont il prétendait démontrer le bien-fondé.

Premiers travaux de Freud

Freud naît dans une famille juive de Moravie (Tchécoslovaquie), en 1856. Il va à l'école, puis au lycée. C'est un adolescent intelligent et sensible qui se montre plus intéressé par les idées et leur pourquoi que par les sciences de la matière. Plus encore, peut-être, que la soif de savoir, c'est le besoin d'explication qui le pousse.

En 1873 il entre à la faculté de médecine de Vienne. Il y devient interne et effectue des recherches sur l'anatomie du cerveau. Chemin faisant, il publie le résultat d'observations relatives à certaines maladies organiques du système nerveux.

En 1885, il obtient une bourse pour aller passer un an à Paris à l'hôpital de la Salpêtrière dont la renommée est grande. Sous l'égide du professeur Charcot, il découvre deux choses fondamentales : la fréquence de l'hystérie dans la personnalité de l'individu et une possibilité nouvelle de thérapie, l'hypnose, cheval de bataille de Charcot, pour ce qui est de la manière de traiter cette hystérie.

En 1886, il est de retour à Vienne et s'établit comme médecin spécialiste des maladies nerveuses. Les outils dont il se dote sont simples : électrothérapie et hypnose. Pendant trois années il œuvre en se fondant sur ces deux moyens.

Au cours de l'été 1889 il fait un long séjour à Nancy pour parfaire sa technique hypnotique auprès de spécialistes comme Bernheim. Ce séjour aboutira pour Freud à cette constatation déterminante à propos de la suggestion post-hypnotique :

« Lorsqu'un sujet a reçu, sous hypnose, l'ordre d'exécuter un acte donné, après son retour à l'état normal, il lui est impossible de fournir l'explication au pourquoi de cet acte. Pourtant l'explication existe puisque cet ordre est venu de l'expérimentateur extérieur pendant la séance. »

Cela, pour Freud, établit de manière décisive qu'un individu ne peut fournir d'explication à certains actes mais que la causalité externe de ces actes existe et peut être mise à jour.

Cette découverte, prometteuse, ne fait guère que mettre au vu de tous un certain état révélé des choses. Freud poursuit ses investigations dans cette direction et parvient à définir que, sous la pression de l'observateur, il arrive que le sujet parvienne à quelque conscience du pourquoi de son attitude post-hypnotique. Freud de conclure : certaines causes de nos attitudes mentales, enfouies dans notre inconscient, peuvent parfois nous être révélées par une investigation thérapique.

L'intuition prend corps lors même que, chemin faisant, s'élabore la psychanalyse.

Entre-temps, un autre événement conforte Freud dans sa conception de l'inconscient.

UN CAS D'HYSTÉRIE

Quelques années plus tôt, à l'époque où il expérimentait sur les maladies nerveuses, il avait été mis au courant d'un cas d'hystérie troublant par le réputé docteur Joseph Breuer. Il s'agissait d'une jeune fille, Anna, qui présentait des symptômes allant jusqu'à la paralysie et la confusion mentale. Par hasard, Breuer s'aperçut que lorsqu'il exerçait sur elle quelque pression, visant à la faire parler pour tenter d'expliquer ses troubles et leurs raisons, il s'ensuivait un mieux. Il décida alors de la mettre sous hypnose et constata que, dans cet état, lors même qu'elle se racontait, les symptômes disparaissaient. On pouvait donc établir qu'il existait un lien entre certains souvenirs enfouis dans l'inconscient et les symptômes exprimés à l'état de veille. Pourtant, la jeune fille était bien incapable de faire elle-même, à l'état de veille, un rapport de causalité avec des souvenirs cachés. Ce traumatisme psychique, Breuer le découvrit par le biais de l'hypnose. Dans le cas d'Anna, il reposait sur le fait que, enfant encore, la jeune fille avait dû soigner un père malade, et ceci avait déséquilibré une sensibilité fragile. Les deux médecins conclurent de concert que le fait de faire apparaître au malade la cause de ses troubles pouvait le libérer de ses effets.

En 1893, Breuer et Freud publient un opuscule relatant le traitement de cette malade. On peut y lire ceci : « Les manifestations de l'hystérie dans un présent sont l'expression d'un traumatisme passé dont la prise de conscience provoque régulièrement la guérison. »

Autrement dit, quel que soit le bon sens apparent qui nous fait agir, les actes qui en découlent sont tous plus ou moins générés par l'inconscient. On en arriverait ainsi à classer nos actes en deux catégories : ceux qui relèvent de l'équilibre mental et ceux qui relèvent du déséquilibre.

Peu de chercheurs se sont penchés sur les causalités qui nous inclinent à des actes dits normaux. C'est regrettable, car on constaterait sans doute que ceux-là ne relèvent pas moins que les autres de traumatismes passés. Mais à vrai dire il y a déjà tant d'opportunités à s'occuper de la maladie déclarée qu'il faut bien pardonner de ne pas s'occuper de celle qui ne l'est pas. En outre, qu'est-ce que le normal et qui peut y prétendre ?

Freud en arrive donc à ceci : l'individu victime de traumatismes passés agit dans le présent sous l'emprise de ceux-ci qui sont enfouis dans son inconscient, tout comme l'individu revenant à l'état de veille après une séance d'hypnose agit, sans le savoir, sous l'empire d'un ordre qui lui a été suggéré pendant la séance.

Freud pensa que si cette théorie était bonne elle devrait être applicable à des cas de déséquilibre autres que l'hystérie et il s'intéressa aux névroses obsessionnelles.

LA NÉVROSE OBSESSIONNELLE

Une névrose obsessionnelle se manifeste par le fait qu'un individu ne peut s'empêcher de se livrer à certains actes. Ces actes, dont il est conscient, lui sont connus mais inévitables. Ainsi de ce monsieur qui ne pouvait dépasser le numéro cinquante-six d'une rue, faute de quoi il tombait dans une crise grave. Ainsi de cette jeune femme qui ne pouvait s'empêcher de sortir deux fois de chez elle avant d'aller faire ses courses. Il faut souligner que, dans les cas de ce type, le malade est conscient de la déraison de certain acte, mais que le besoin de se livrer à cet acte est plus fort que lui.

Freud, à ce propos, met un autre détail en lumière : cet acte, conscient, constitue une apparition spontanée du symptôme d'un état de conflit généré par l'inconscient pour des causes inconnues et éloignées. Mais aussi cet acte est-il une sorte de manifestation-refuge du conscient, pour pallier une angoisse personnelle, laquelle existe parce que ses causes (non conscientes) proviennent de l'inconscient. Il ne reste plus alors qu'à traduire le sens profond de ce symptôme et la cause en sera rapidement élucidée, partant, le malade délivré.

Les manifestations de l'inconscient

L'ASSOCIATION D'IDÉES

Entre-temps, Freud continue ses traitements expérimentaux fondés sur l'hypnose. Certes, cette thérapie donne de bons résultats mais il faut se rendre à l'évidence : les résultats ne sont pas bons dans tous les cas. D'autre part, ce travail à la chaîne devient fastidieux, et il lui semble en avoir épuisé toutes les possibilités et surprises. Il se pose alors la question suivante : peut-on, et comment, arriver aux mêmes résultats sans le concours de l'hypnose ?

Ce qu'il a retenu de ses travaux avec Bernheim, c'est la possibilité, post-hypnotique, d'obliger le malade, sous la pression, à accéder à une certaine conscience, mémorisation, de ce qu'il a dit sous hypnose. Afin d'améliorer la méthode il a recours à l'« association d'idées ». Cette méthode repose sur l'évocation d'un souvenir ou d'une image, laquelle va déclencher, par association d'idées, d'autres images, d'autres souvenirs, et ainsi de suite. En l'occurrence, il s'agit pour l'analyste de trouver une idée de départ suffisamment consistante pour qu'elle puisse générer chez le malade des fils d'association porteurs de sens.

Au début du discours du malade, en général tout se passe bien. Tant qu'il raconte un rêve, un fait de son enfance, les souvenirs affluent, les associations se font avec fluidité. Mais toujours il arrive un moment où tel souvenir, telle image, déclenche une résistance, une impossibilité d'évocation. Dès lors le malade, par tous les moyens qui lui sont possibles, évite de revenir sur ce sujet malgré l'insistance de l'analyste, allant même parfois jusqu'à tomber réellement malade. Le sujet est conscient de cette résistance formalisée par l'analyste mais il n'en connaît pas le pourquoi. L'analyste de conclure alors : il y a résistance à l'évocation de certains souvenirs parce que ceux-ci sont refoulés au fond de l'inconscient. Aussi le travail du médecin consiste-t-il à supprimer cette résistance. À cette forme de traitement, Freud donne le nom de « psychanalyse ». Dans le même temps, il précise encore une fois une notion de réciprocité : si l'élément traumatisant reste inconscient, par refoulement, cela signifie que c'est l'*inconscient* qui l'a refoulé comme si cet inconscient était doué de volonté.

UNE QUESTION D'ÉQUILIBRE

Il y a donc l'existence de deux forces. L'une veut apparaître pour se libérer, l'autre veut continuer à se cacher pour survivre. Savoir ou ne pas savoir, tel est le problème. Le malade ne veut pas savoir parce qu'il a peur d'apprendre quelque chose qui risque de le détruire ou de détruire ce qui lui est précieux. L'analyste veut savoir afin de libérer le malade, non point du fait traumatisant, lequel restera, mais de l'aspect traumatisant du fait. Dorénavant, l'existence du conflit est avérée chez le malade et la lutte commence entre lui et l'analyste.

L'existence d'un traumatisme ancien et inconscient implique des systèmes de compensation, d'équilibre, tout simplement pour pouvoir vivre. Le malade est conscient de cet état de névrose dont les causes lui sont inconnues parce qu'enfouies dans son inconscient. Mais la balance n'est pas stable et dans ces ruptures d'équilibre les symptômes apparaissent.

Une question insidieuse pourrait, chemin faisant, se poser : l'individu équilibré ne serait-il qu'un névrosé ayant trouvé un système de compensation efficace ? Existerait-il chez lui les mêmes traumatismes que chez les autres avec lesquels, en possession de plus de forces, il saurait mieux vivre parce que, refoulés une fois pour toutes, ces traumatismes ne perturbent plus son équilibre ? À l'évidence, la réponse est oui.

Nous sommes donc tous des névrosés et celui que l'on traite de névrosé n'est que celui chez qui la névrose est apparente parce qu'elle déclenche des conflits d'équilibre qui se manifestent par des symptômes.

LES RÊVES

Pour Freud, le rêve est une manifestation du psychisme, tout comme l'est la névrose. Dans ce deuxième cas, comme dans le premier, il s'agit d'en découvrir le sens qui permettra d'en découvrir la cause. Là encore il va utiliser la méthode associative. Après que le malade aura raconté son rêve, il va le faire parler de ce rêve et de tout ce qu'il suggère, suscite.

Une dame, vivant à la campagne, raconte qu'en rêve elle étrangle un petit chien. À l'évidence il y a là quelque chose qui tourne autour de la mort ou de l'envie de tuer. L'analyste pose mille et une questions pour arriver à déterminer à quoi, dans la vie réelle de la dame, peut être associé ce rêve. Il s'avère que, peu de temps auparavant, la dame a eu une violente querelle avec sa sœur qu'elle accusait de vouloir séduire son mari. Laquelle querelle s'est terminée par ces mots de la dame : « Sors de chez moi, je ne veux plus d'un chien qui a la rage dans ma maison. »

L'interprétation du rêve alors devient simple. Un désir de mort s'est installé dans l'inconscient de la dame, qu'elle ne peut concrétiser ni même exprimer, soumise qu'elle est à la force de refoulement de son inconscient. Mais le désir est bien là, et l'inconscient alors lui envoie un substitut, un chien au lieu de sa sœur. Pourquoi un chien ? Probablement parce que le chien se réfère au poulet qu'elle tue chaque dimanche de ses propres mains. Elle répondra d'ailleurs à l'analyste qu'elle procède pour tuer le chien en rêve de la même manière qu'elle tue un poulet dans la réalité.

Nous l'avons compris : le conscient, par instinct de survie, s'efforce de ne pas tenir compte des symptômes de déséquilibre qui apparaissent d'une part, parce qu'ils sont perturbants, d'autre part parce que, à peine capable de les constater, il est bien loin de les comprendre.

Dans la période du rêve, le conscient est en état de faible défense. Les messages envoyés depuis l'inconscient par le refoulé vont donc se faire plus nets.

On a souvent accusé Freud d'avoir élaboré sa psychanalyse en se fondant essentiellement sur la sexualité. Or, il a dit lui-même : « Si la sexualité est la part essentielle de la libido, elle n'en est pas la seule. » Il n'empêche que, convaincu par sa propre intuition, c'est à partir de la sexualité qu'il a créé ses méthodes les plus fonctionnelles.

Le rêve est donc une manifestation de ce qui est refoulé au fond de l'inconscient. Ce refoulé peut s'exprimer de manière plus ou moins lisible parce que, là encore, l'inconscient s'efforce d'élever des barrières. Les barrières types sont : la symbolisation, le déplacement, la condensation, la dramatisation. Toutes ces barrières ne sont que des masques dont s'affuble l'inconscient pour dissimuler une cause réelle. L'art de l'analyste consiste donc à distinguer lequel de ces mécanismes l'inconscient est en train d'utiliser. Le rêve, tel qu'il est exprimé par le malade, représente en gros la partie visible de l'iceberg, de même le conscient par rapport à l'inconscient. Il serait vain et dangereux d'imaginer que le rêve puisse se décrypter à l'aide de grilles préfabriquées telles, par exemple, l'araignée, symbole de la mère possessive, le départ, symbole de la mort, l'eau, symbole de la sexualité. Là encore le symbole utilisé ne trouvera son sens réel que par la méthode des associations d'idées car chacun symbolise selon son propre psychisme. Un grave danger guette l'analyste, qui est celui des interprétations rapides parce que séduisantes.

Après l'analyse de bien des rêves, Freud tire la conclusion suivante : un rêve est à deux niveaux. Le premier est visible, ici c'est l'étranglement du chien. Le deuxième est caché et correspond au « pourquoi » (qui ? ou quoi ?). Un rêve possède donc un sens caché sous une apparence compréhensible. Mais il faut prendre garde à ne pas décrypter de façon simpliste un rêve apparemment clair. Le rêve est le substitut fréquent de l'inavouable. Dans nombre de cas il est l'expression travestie d'un désir refoulé.

LES LANGAGES DE L'INCONSCIENT

L'inconscient ne se manifeste pas sous les seules formes de la névrose ou des rêves. Que faut-il penser de ces multiples petites actions ou paroles qui échappent à notre volonté au cours d'une journée ? Ces mots que nous ne contrôlons pas, ces lapsus, ces actes manqués, d'où viennent-ils, que signifient-ils ?

Il est sept heures du matin. Vos yeux sont ouverts depuis quelques minutes. Le réveil sonne. Vous n'avez pas envie de vous lever. Une première fois vous retombez dans un demi-sommeil. Trois minutes plus tard, vous vous dites « il faut que je me lève ». Vous attendez encore. Tout à coup vous vous trouvez debout à côté de votre lit sans l'avoir décidé. Qui alors l'a fait pour vous ? C'est votre inconscient.

Un *lapsus (linguae)* est le fait de prononcer un mot à la place d'un autre. Alors se pose cette question : pourquoi tel mot est-il venu à la place de tel autre ?

Un monsieur encore jeune, chef du département des statistiques, est assis à son bureau. La nuit précédente n'a pas été bonne, car la veille au soir il s'est encore disputé avec sa femme. Sur le plan professionnel son problème, pour l'instant, est de décider s'il doit se défaire de la vieille Mme Martin qui accumule les erreurs. Il appelle sa secrétaire à l'interphone et, lorsqu'elle paraît à la porte : « Apportez-moi le dossier de Louise, s'il vous plaît ! » La secrétaire le regarde sans comprendre. Aussitôt il se reprend : « Excusez-moi... le dossier de Mme Martin. » Serez-vous étonné après cela en apprenant que sa femme se nomme Louise ? Que s'est-il passé en cet instant dans la tête de ce monsieur ? Rien que de très simple. La partie consciente de son esprit était occupée par le problème Mme Martin, et la partie inconsciente par celui de sa femme. Il était fatigué, peu vigilant, et son inconscient en a profité pour faire une percée immédiate.

LES RÉACTIONS INCONSCIENTES

« En commençant à remarquer des choses jamais notées auparavant et en interprétant ces changements, il est possible d'influencer la relation avec l'autre dans un sens bénéfique. L'acuité sensorielle est la meilleure technique pour y parvenir. Les quatre réactions inconscientes les plus importantes à observer concernent les changements de couleur du teint, les modifications des muscles, de la lèvre supérieure et du rythme de la respiration.

La plupart des gens n'éprouvent aucune difficulté à remarquer ces réactions une fois qu'ils connaissent leur existence. De plus, ces quatre réactions émises inconsciemment ne peuvent être déguisées, leur signification est donc particulièrement nette.

Beaucoup d'autres modifications physiologiques existent en plus de ces quatre-là. Quand nous parlons, les attitudes corporelles changent et se manifestent par des signes, certains bien visibles, d'autres plus subtils comme les changements de point d'appui, les inclinaisons de la tête, les mouvements ascendants ou descendants des épaules, les étirements du cou et les gestes des mains.

Ces réactions évidentes [...] seront plus faciles à observer que d'autres, plus subtiles. Certains sont capables de percevoir les modifications du pouls, d'autres les poils des bras ou les lobes des oreilles. Chacun peut se spécialiser dans l'observation d'un endroit différent du corps. »

(T. FENYVESI, *Connaître et utiliser vos atouts pour réussir,* Éditions De Vecchi.)

Il y a de la sorte des tas de petites erreurs par lesquelles notre inconscient se signale à notre attention. Nous ne cherchons jamais à savoir pourquoi. C'est dommage.

On croit reconnaître une personne dans la rue, une fois, deux fois en quinze jours. On écrit un mot pour un autre. On oublie le nom de certaines gens. Un cas est intéressant entre tous : le fait d'abolir de sa mémoire des pans entiers d'une vie disgracieuse. Dans le cas d'un individu doté d'une bonne mémoire, il se produit alors un phénomène de transfert, ou de remplacement, qui va faire que cette mémoire reste excellente pour autre chose. Par exemple, un monsieur va constater que, s'il oublie certains éléments de son passé, il a une parfaite mémoire des chiffres. C'est alors que la question se pose : pourquoi oublier certaines choses importantes et pourquoi en mémoriser certaines autres, anodines ? Réponse : il nous faut compenser pour survivre car nous sommes tous faibles. Mais rappelez-vous tout de même ce mot de George Orwell : « Tous les hommes naissent égaux, certains plus que d'autres. »

LA SEXUALITÉ

Il n'était pas possible, dans ce rapide survol de l'inconscient selon Freud, d'éluder la sexualité, c'est-à-dire la libido.

« Elle le tient par les sens... » disent quelquefois certains hommes de tel de leurs amis qui semble céder volontiers aux caprices de sa femme.

Dans ses premiers écrits, Freud expose ceci : « Du haut de mon ingénuité, j'ai découvert au terme d'un grand nombre d'analyses que la plupart des symptômes névrotiques trouvaient leur origine dans une vie sexuelle contrariée et, plus précisément encore, dans la vie sexuelle infantile. »

Qu'est-ce que la libido ?

Chez Freud et ses disciples, la libido représente l'énergie psychique sous-tendant les pulsions de vie, et, au premier chef, les pulsions sexuelles. Dans la structuration de la sexualité, Freud établira les trois phases suivantes :

1. La prime enfance, jusqu'à l'âge de six ans environ. L'enfant y découvre :

a) Le bonheur unique mais total de sucer le sein maternel, lequel satisfait à la fois sa libido et sa faim. C'est un plaisir oral.

b) Le plaisir anal. Pour le jeune enfant qui fait dans ses couches puis sur son pot, c'est là un acte de plaisir et de création.

c) La découverte de ses organes génitaux desquels il s'étonne et s'amuse.

Vers la fin de cette prime enfance, l'enfant passe systématiquement (selon Freud) par la structuration du complexe d'Œdipe. Pour le petit garçon, c'est l'attirance vers sa mère cependant que la présence de son père lui fait obstacle. Pour la petite fille, c'est la mère qui fait obstacle. Dans cette phase de développement, les gestes de tendresse entre époux sont mal accueillis par l'enfant. Rappelons pour notre plaisir qu'Œdipe, prince de Thèbes, fils de Laïos et de Jocaste, a été condamné par les dieux à cette fatalité de tuer son père puis d'épouser sa mère, dans la méconnaissance de ses actes. Apprenant son forfait par les oracles, il se crève les yeux et quitte le royaume, guidé par sa fille Antigone.

2. La deuxième période est un temps de latence dans la formation de la sexualité. Les pulsions inconscientes de l'enfance se calment simultanément à la découverte de l'autre et à l'empathie avec le monde.

3. C'est à la fin de ce temps de calme et d'oubli relatif que l'apparition de la puberté vient tout bouleverser. À cette époque, la libido se focalise sur la sexualité et les désirs du jeune adolescent sont des désirs formellement sexuels qui ne peuvent se diriger que vers l'extérieur de la cellule familiale. Ces

pulsions sont grandes autant que le désir de devenir adulte, de couper le cordon ombilical de la dépendance.

Il est rare que cette construction ne se fasse pas dans l'opposition. La manière dont l'enfant va résoudre ce problème est liée à celle dont auront été vécus, en termes d'acceptation ou de refoulement, la libido infantile et les premiers complexes (œdipe, castration...). Il est rare que les enfants en sortent indemnes. C'est dans le cadre de cette accession à la conscience des désirs, construite sur l'inconscience d'une libido infantile lointaine et enfouie, que va s'élaborer l'équilibre ou le déséquilibre. Le temps d'une puberté mal vécue induit toujours des états névrotiques postérieurs, plus ou moins graves.

Une dame avait eu une enfance problématique par le fait d'une puberté difficile. C'était en un temps où un père peu vertueux trompait une mère peu affable. Elle-même, à l'époque de sa quarantième année, s'était vu trompée par son mari dont elle avait obtenu, par suite, le divorce. D'une sensibilité exacerbée et d'une paranoïa sinon exacte, du moins fertile, cette dame s'était par la suite établie voyante et ne commerçait qu'avec une clientèle féminine. À propos de toutes ces femmes qui la consultaient, amenées par des problèmes conjugaux, elle voyait que, si elles n'étaient pas trompées, elles étaient en passe de l'être. Aussi gagnait-elle bien sa vie et jouissait d'une bonne réputation professionnelle.

L'inconscient et le mental

Si nous résumons ce que nous venons de comprendre, nous pouvons dire que la vie d'un individu est le théâtre d'un rapport de forces permanent entre lui et lui, d'une part, entre lui et l'autre, d'autre part. La loi qui régit ses rapports avec les autres est la censure. Celle qui gouverne ses rapports avec lui-même est également un système de censure qui lui interdit certains actes ou pensées. Quel est l'homme, ou la femme qui, au moins une fois dans sa vie et sur le coup d'une incontrôlable colère, n'a pas eu envie de tuer son enfant ? De deux choses l'une : ou bien l'individu concerné éprouve une terrible honte et s'efforce d'oublier de toute son énergie, ou bien il s'accepte tel qu'il est en décidant, à l'avenir, de mieux contrôler ses colères.

Telle était la situation de Freud au bout de longues années de pratique de l'analyse. Il en était arrivé à une vision précise du déséquilibre mental, de ses causes et de la manière de traiter le déséquilibre. Il n'en avait pas pour autant terminé avec l'inconscient, car l'inconscient n'est pas le propre du malade mais celui de tout être humain. S'il avait pénétré l'inconscient malade, *quid* de l'inconscient sain ? Et ceci encore : qu'est-ce qu'être sain d'esprit, ce que l'on appelle être « normal » ?

La question pouvait alors se poser ainsi : comment distinguer dans l'inconscient les tendances normales, issues de traumatismes oubliés mais pouvant resurgir sans autre gravité, des tendances anormales générées par ces autres traumatismes refoulés dans l'inconscient, et donnant lieu à des névroses en cas de réapparition ? Fallait-il subodorer que l'inconscient pouvait finalement n'être considéré que comme le réservoir exclusif de traumatismes refoulés ? Jones, principal disciple de Freud, résumera ainsi la position de son maître : « L'inconscient représente cette région de l'esprit où les éléments se trouvent à l'état refoulé. »

Le préconscient

Il y a dans le fonctionnement mental de l'individu normal de rapides apparitions d'images se référant à des expériences proches ou lointaines, heureuses ou traumatisantes. La possibilité pour ces images d'apparaître, en cela même qu'elles ne sont ni refoulées ni censurées, induirait donc la définition d'un autre concept que Freud nomme le préconscient, lequel ne serait qu'un inconscient libre d'accès, l'inconscient véritable restant par définition fermé et refoulé. Le préconscient serait donc une zone non consciente de l'individu, mais libre d'investigation. On peut donc se demander si le préconscient ne serait pas une notion bien proche de la lucidité.

Un jeune homme se promène dans les souks de Marrakech. Il est attiré par un joli miroir avec un cadre de cuivre repoussé qu'un jeune Marocain veut lui vendre pour trois cents francs. Il ne dispose que de cent francs mais ce miroir lui plaît. L'échange de propos, court, se termine ainsi : « Repars en France, mon frère. Quand tu seras là-bas, tu m'enverras les deux cents francs. »

Revenu chez lui le jeune homme n'envoya pas les deux cents francs, pour lui une somme importante, et cela l'ennuya à ce point que jamais il ne l'oublia, car il avait de lui une bonne opinion qu'il lui fallut réviser.

Ce même jeune homme vieillit et, parvenu à l'âge de cinquante ans, visita une vieille tante qui lui raconta que, lorsqu'enfant il avait passé deux ans chez elle et son mari en rattrapage scolaire, car ils étaient instituteurs, il était arrivé ceci : un jour il avait traversé en courant l'unique rue large et droite du village sous le nez d'un camion. Sa petite camarade qui habitait en face l'avait suivi et s'était fait écraser. Elle était morte sur le coup.

Il tomba de haut car il avait totalement oublié cet événement. Par quel procédé, mais surtout pour quelles raisons, avait-il réussi à évacuer en totalité ce souvenir de sa mémoire ?

Plus tard encore il se trouva marié à une femme avec laquelle il ne s'entendit pas, malgré ses qualités. Elle avait accoutumé de lui crier : « Mais allez donc voir dans votre inconscient, vous y trouverez la solution à vos problèmes. » Il répondait alors : « Pardonnez mon dénuement, mais je n'ai pas d'inconscient. »

Lorsque Freud étudie les névroses d'angoisse il constate que le refoulement est en relation directe avec ce type de névrose, et que le Moi, alors, réagit comme s'il était conscient d'un danger intérieur inconnu devant lequel il s'angoisse. Ainsi établit-il désormais que le Moi subit, en terme de faiblesse, les décrets d'un censeur autrement puissant : le Surmoi, qui représente la loi.

Le Ça, le Moi et le Surmoi

Le Ça regroupe les quelques éléments archétypiques d'un individu, c'est-à-dire ses pulsions primitives, pulsion de vie et de mort, pulsions sexuelles et agressives. Par là même le Ça est le lieu de tous les refoulements souvent installés à l'époque de la formation du complexe d'Œdipe.

Le Moi représente la possibilité pour l'individu de se définir, de se penser et d'exprimer une volonté. Simultanément, il est le théâtre choisi de la vie du préconscient. Par voie de conséquences, lorsque des vices de forme existent, c'est à travers l'expression du Moi qu'ils apparaissent. Le Moi est le lieu de tous les symptômes. Il est une vitrine.

Le Surmoi, c'est le censeur. Pas n'importe quel censeur, social ou moral, non, un représentant de cette « morale archaïque », qui a été celle de l'éducation parentale pendant le temps où elle s'est inscrite dans les fibres de l'enfant en bas âge. Le Surmoi, c'est ce que l'adolescent devenu père reproduit de sa propre éducation au-delà de ses désirs de reniement. Pour illustrer ce propos on pourrait ajouter que, dans ce cas, le préconscient va jouer un rôle d'équilibre en essayant de prendre ce qu'il y avait de bon dans cette éducation, et en rejetant ce qu'il y a trouvé de néfaste.

Il y aurait ici une jolie image à inscrire, plus métaphysique que psychanalytique : le Ça pourrait représenter l'essence de l'individu, le Moi son existence et le Surmoi la société-juge, la relativité.

Lorsque le monsieur, dont nous parlions quelques lignes plus haut, fut contraint de tout abandonner de ses principes s'il voulait rester vivre chez cette femme avec le petit garçon qu'ils avaient eu ensemble, il n'en conserva qu'un : mettre une nappe sur la table pour dîner. C'est cela l'expression du Surmoi, se raccrocher à certaines certitudes pour ne pas sombrer dans la folie. Est-ce là un signe d'équilibre mental ?

Pour ne pas sombrer dans la folie, nous nous livrons parfois à des actes qui présentent pour les autres toutes les apparences de la folie.

De l'équilibre psychique

On peut dire qu'il y a équilibre lorsque aucune manifestation ne vient, par des symptômes névrotiques, altérer le fonctionnement psychique de l'individu. Cela ne signifie pas qu'au fond de lui-même l'individu ne soit pas la proie de combats internes entre le Ça, le Moi, le Surmoi et ses traumatismes enfouis. Cela signifie que toute apparition de quelque chose qui avait jusqu'alors été refoulée ne produit pas de troubles névrotiques. Autrement dit l'équilibre provient de cette capacité à s'accepter et à gérer ce soi-même tour à tour avec autorité et générosité. Si l'on admet que ces vertus sont celles-là mêmes qui permettent de s'intégrer au monde, on en conclura que l'équilibre passe par l'homogénéité entre l'*ego* et l'*alter*, c'est-à-dire la ressemblance avec le monde, la dissolution et la fusion dans le monde.

Notre propos est, comme ce fut en permanence le cas pour Freud, de démontrer qu'il y a toujours une explication. Soit cette explication existe, soit elle existera, mais tout finira par se voir expliqué. Cette certitude est le fait de l'intuition, c'est la pomme de Newton. Mais elle est aussi le fait de l'illusion quand elle conduit à l'erreur. Finalement ce n'est peut-être que cela le sixième sens : l'intuition de certaines vérités ponctuelles et surtout le fait de les savoir avant même de les avoir découvertes.

En racontant une partie de la vie de Freud et de ses découvertes à propos du mental, nous avons constaté qu'une méthode revenait souvent : l'association d'images et d'idées.

Par définition, l'association est instinctive et incontrôlée parce qu'elle échappe au conscient. Pourtant il peut, il doit, y avoir un désir qui la sous-tend, lequel est presque assimilable à une volonté, d'où qu'elle vienne. D'autre part, c'est de ce rapprochement d'éléments en apparence disparates que va naître ou la question ou l'intuition. Dans le cas des rapports entre l'analyste et le malade, c'est plutôt le premier qui se questionne, qui a les intuitions, mais rien ne nous interdit d'inverser les rôles. Pourquoi un malade ne s'écrierait-il pas, tout à coup : « Ça y est, j'ai compris comment fonctionne mon analyste et je sais ce qu'il attend que je lui dise, qu'importe d'ailleurs que cela soit vrai ou faux ! »

Imaginons maintenant que cet instinct de la réponse à donner, celle-là même que l'autre attend, ne se fasse plus dans le cadre du rapport médecin-malade, mais dans le cadre mercantile du rapport voyant-client. On aura vite fait, si le voyant en question est assez habile pour construire sa renommée, de parler alors de sixième sens, lors même qu'il n'a jamais été question de cela à propos de l'analyste.

Que faut-il en penser ? L'un qui soigne les âmes dans l'ombre, avec humilité et précaution, ne serait qu'un laborieux sans intuition et sans génie de la divination, cependant que l'autre, se fondant exclusivement sur le trouble perçu chez son client, serait à même de voir jusqu'au fond de son âme, pour apporter à ses questions de salvatrices réponses ? Le premier serait un pauvre hère et le second un ange salvateur doté de pouvoirs surnaturels, en un mot d'un sixième sens ?

Allons voir sur place comment les choses se passent chez ceux qui font commerce de leur sixième sens.

Mais auparavant, le temps de quelques pages, transitons par Jung, moins rationaliste que Freud.

De Freud à Jung

Carl Gustav Jung naît en 1876 dans une famille de la bonne bourgeoisie suisse et d'un père pasteur.

Tous les enfants sont influencés par l'hérédité socio-paternelle et le jeune Carl n'y échappera pas. Si la notion de Dieu est présente durant toute sa vie, ce n'est pas d'un Dieu religieux et omnipotent qu'il s'agit, mais de son image en tant qu'élément essentiel dans la constitution de l'esprit de l'homme, de sa *psyche*. Pour Jung, si l'homme a besoin de boire et de manger pour vivre, il a aussi besoin de valeurs comme Dieu. Le divin est constitutif de ces archaïsmes nés en parallèle à la pensée de l'homme. Aussi, pour lui, le problème de notre société moderne est que, après avoir détruit ses dieux, ses idoles, il ne lui reste que le rationalisme en quoi croire. Et le rationalisme, de nos jours, c'est l'argent. Que tous ceux qui estiment que gagner de l'argent et posséder deux voitures donne un sens à la vie, lèvent le doigt. Telle sera, toute sa vie, la position de Jung.

En suite de son adolescence, il fait de brillantes études de médecine, puis de psychiatrie. En 1900, il a vingt-quatre ans quand il devient chargé de cours à la faculté de Zurich. Une splendide carrière de professeur s'ouvre devant lui. Il y renonce pour se livrer à l'analyse mais aussi à des études comparatives sur les mythologies et la linguistique.

Il est naturellement au courant des travaux de Freud, son aîné de vingt ans, et prend nettement position en sa faveur. Leur amitié commencera en 1906 et se terminera en 1913. Entre-temps ils seront intimes et voyageront ensemble aux États-Unis. Freud exprimera d'ailleurs son désir de voir Jung assurer sa succession. Mais cette amitié prendra fin en raison de leurs divergences. L'un et l'autre sont conscients et d'accord sur les vertus qui sont le propre du rêve et de son analyse. La position de Freud est une position de clinicien rationaliste, celle de Jung se dirige vers une métaphysique du déséquilibre.

Ceci est la partie affichable de leurs désaccords. Freud, voulant donner à ses semblables des moyens de se soigner, avait l'ambition d'être celui qui, découvreur, avait la générosité de partager. Plutôt que de trouver les remèdes, Jung, lui, s'attache à chercher les causes. C'est à cette fin qu'il se préoccupe de linguistique, de mythologie, et voyage dans des pays non civilisés à la recherche de ces archaïsmes formels qui sont le lot commun de la race humaine.

Pour Freud, le rêve est signifiant. Pour Jung, il est signifiant et symbole. Freud s'adresse à l'homme malade. Jung s'adresse à la société malade.

JUNG ET LA RÉVÉLATION DE LA PROFONDEUR DE L'INTUITION

« Jung reconnaît que la nature même de l'intuition est difficilement compréhensible par notre intellect, car elle est située au-dessous du seuil de la conscience, mais cela n'enlève rien à son absolue nécessité : "L'intuition est une fonction très naturelle, parfaitement normale et nécessaire ; elle s'occupe de ce que nous ne pouvons ni sentir, ni penser, parce que cela manque de réalité, comme le passé qui n'en a plus et l'avenir qui n'en a pas autant que nous le pensons. Nous devons être très reconnaissants au ciel de posséder une fonction qui nous octroie certaines lumières sur ce qui est par-delà les choses."

C'est justement parce qu'elle est un phénomène des plus naturels que l'intuition trouve à s'exprimer de diverses manières, aussi bien physiquement (flair "animal") qu'à travers des émotions (attirance ou rejet instinctif), sur le plan mental (stimulation intellectuelle) ou dans la sphère du spirituel (expérience mystique).

Ainsi que le souligne fort justement Claude Darche, "Pour Jung, l'intuition provient d'une connexion de la personne, de son conscient, avec les couches les plus profondes de son inconscient, mais surtout de l'inconscient collectif : les archétypes et les symboles. L'inconscient collectif est une véritable banque de données : il a accumulé toutes les expériences de l'univers et de l'humanité. Ainsi l'homme est en possession de bien des choses qu'il n'a jamais acquises par lui-même mais qu'il a héritées de ses ancêtres." »

(B. Baudouin, *Comment développer son intuition,* Éditions De Vecchi.)

« ESSAI D'EXPLORATION DE L'INCONSCIENT »

Dans ce célèbre ouvrage de Jung, paru aux Éditions Gallimard, sont rapportés les deux cas suivants :

Un homme, brasseur d'affaires peu transparentes, se démenait dans des opérations à la limite de la légalité. Il se découvrit un puissant dérivatif dans les plaisirs dangereux de l'alpinisme. Il s'y livra dès lors avec une passion irrationnelle, comme si les dangers patents de ce sport sublimaient chez lui quelque instinct de destruction. Sans doute cherchait-il à se prouver que, en allant plus haut, toujours il pouvait aller plus loin. Il rêva qu'à la suite de l'ascension difficile d'une montagne, parvenu à son faîte il mettait de l'autre côté le pied dans le vide et tombait. Au-delà de son explication et même de son sens, le signal lancé par ce rêve était clair et impliquait que cet homme finirait par tomber, soit entre les mains de la justice, soit au fond d'un ravin. Plus encore que le sens propre du rêve, au demeurant de peu d'importance, le danger qui guettait cet homme était grand et il devint nécessaire de l'avertir que, s'il ne se modérait pas, à l'évidence une mort inéluctable l'attendait dans une crevasse, car on ne peut impunément aller toujours trop loin. Six mois plus tard, eu égard aux propres termes qu'il avait utilisés auparavant, il « mit le pied dans le vide ». Le guide qui les conduisait observait à quelque distance. L'homme, précédé par un ami qui l'attendait plus bas sur une corniche étroite, descendait une façade en rappel lorsque, selon l'expression même du guide, il lâcha la corde et se laissa tomber sur son ami, l'entraînant dans sa chute. Les deux hommes périrent.

Une femme fortunée menait une vie brillante. Elle était hautaine et imbue de ses qualités. Pourtant, malgré l'excellente opinion qu'elle avait d'elle-même, quelque chose n'allait pas. Elle faisait de nombreux rêves, lesquels, montrant nombre d'aspects déplaisants, donc impossibles, de sa personnalité, la choquaient et la perturbaient. C'est lorsque les rêves lui devinrent inadmissibles qu'elle se décida à consulter un analyste. Cette femme, poète à ses heures, possédait une âme d'élite, et aimait entre toutes choses à se promener dans les forêts à toute heure et réciter des vers, s'enivrant de son goût merveilleux et de la grâce que la nature lui avait faite en lui faisant à ce point aimer la poésie. Aussi cette dame qui confiait ses sublimes ivresses à la pénombre de bois obscurs courait-elle le danger de se voir agresser. Si le désagrément causé par les rêves avait amené la dame à consulter un analyste, ce n'est pas contre eux que le médecin la mit en garde, mais bien plutôt contre le danger qu'elle courait. Aussi il l'avertit des risques que sa conduite entraînait. À quelque temps de là, et en plein jour, elle se fit attaquer par un homme qui en voulait à sa vertu. Elle hurla si fort qu'on l'entendit et que des gens survinrent. Faute de cris, elle eût sans doute été assassinée.

Dans ces deux histoires, plusieurs éléments sont communs et significatifs. L'alpiniste et la poétesse sont à la recherche d'une aventure dangereuse. Il n'était pas même besoin de leur faire raconter leurs rêves pour découvrir cela. Une conversation sincère aurait suffi. Mais une conversation sincère est-elle possible avec des gens qui ont une si haute opinion d'eux-mêmes ? Assurément non. Qui, ayant tout lieu de croire que les autres le prennent pour un être exceptionnel, ce dont on se convainc aisément, aura l'humilité de déshabiller son âme au risque de montrer ce que lui-même redoute de découvrir dans les yeux de l'autre, sa petitesse ? Pour conforter son autosatisfaction par des démonstrations toujours plus coûteuses il ne reste dès lors que la fuite en avant. Pourtant la gêne est là, patente et que l'on n'ose avouer. Alors on a recours au rêve. C'est un artifice pour se faire écouter, ou plutôt, pour se faire entendre. En fait c'est un appel au secours. L'analyste ne s'y est pas trompé, qui a prévenu, tenté de sauver. Mais à quoi sert de prévenir quelqu'un qui a déjà décidé ? Après avoir prévenu, il convenait de soigner. L'analyste en avait-il le temps, qui a été pris de cours ? Un détail, *a posteriori*, est lourd d'une étrange signification : l'alpiniste tue quelqu'un d'autre en se tuant lui-même, alors que la dame va seule vers sa mort annoncée. Y aurait-il de la rancune chez l'un, de la candeur chez l'autre ?

Imaginons maintenant que ces deux clients se soient dirigés non pas vers le cabinet d'un analyste mais vers celui d'un voyant, et qu'ils aient pareillement raconté leur désarroi, leurs rêves. De quel arbitraire relève le choix entre l'analyste et le voyant, sinon d'une subjectivité de classe sociale ? Les gens dits incultes iront plus volontiers chez le voyant, les autres iront chez « leur analyste ».

Grosso modo la consultation revient au même prix. En outre la sécurité sociale rembourse peu dans le deuxième cas, et rien dans le premier. En prenant pour axiome que ce voyant ait été de qualité, qu'aurait-il vu, qu'aurait-il fait ? Il aurait vu que ces deux personnages couraient à leur mort en raison d'une volonté morbide affichée. Qu'aurait-il pu faire sinon les avertir ? Restons pourtant conscients qu'un voyant, par raison sociale différente, possède des moyens qui ne sont pas à la portée de l'analyste, et réciproquement. Imaginez la publicité que ce voyant se fût faite dans le cas de ces morts annoncées !

Au-delà de ce cynisme, deux questions restent en suspens.

L'une est : que faudrait-il penser dans le cas où ce voyant aurait annoncé à ce monsieur qu'il allait rencontrer une splendide femme brune, et à la dame qu'elle allait faire la connaissance du plus grand poète tchèque vivant ? De semblables prédictions n'auraient-elles pu avoir d'heureuses conséquences sur le mental de ces deux personnages ?

Seconde partie

À LA RECHERCHE DES ILLUSIONS PERDUES

Si un sixième sens existait, ne le saurions-nous pas depuis longtemps ? Est-il concevable que les gens du IVe siècle avant notre ère, comme Platon, Aristote et Pythagore, ou ceux de la Renaissance, tels Galilée et Giordano Bruno, ou ce génie du siècle des Lumières qu'est Voltaire, n'aient jamais été troublés par l'existence d'un éventuel sixième sens ?

Le savoir a toujours été partagé par les gens qui apprenaient aux autres et ceux qui apprenaient des autres. Les premiers créent, les seconds adaptent et répètent (aujourd'hui on appelle cela être « créatif »). Le corps médical, qui est la science la plus proche de la vie, c'est-à-dire du commun des mortels, a toujours été le plus riche en répétiteurs. Par là même, il a toujours été le plus pontifiant.

Depuis un demi-siècle la religion ne fait plus recette parce que notre société est devenue rationaliste par la vulgarité de l'argent devenu populaire. Il faut n'avoir trouvé aucun sens à la vie pour croire en cette seule vérité de la matière argentée.

Depuis que l'individu n'a plus de dieux en qui croire ou à respecter, c'est toujours la même chose : il essaie désespérément de trouver en lui-même des *ersatz* d'admiration ou d'espoir. Tel individu a des pouvoirs supranormaux ! sixième sens ! Borg, le tennisman, tant qu'il ne fut pas battu, fut un extraterrestre, sixième sens ! Voilà les nouveaux dieux du stade que l'on veut vendre à la foule : des individus dotés de pouvoirs exceptionnels, magiques. *Panem et circenses*, le nouveau cirque est en place. Imaginez alors la gloire, au fond de leurs laboratoires, de ceux qui auront fait éclore ces nouveaux dieux du stade. Tel Marcus, chef des gladiateurs de César, ils en seront les pères. Ils en auront la gloire.

Aucun dictionnaire ne vient donner une définition d'un sixième sens. Est-ce à dire que, pour n'être pas reconnue, la chose ne peut exister ? C'est là une première difficulté. Tout le monde en parle mais personne ne sait ce que c'est.

En fait, ce que l'homme de la rue entend par sixième sens est une disposition de l'esprit permettant à celui qui la possède de réaliser des choses étonnantes, voire miraculeuses, dont les autres sont incapables.

Le fameux calculateur Inaudi donnait immédiatement le résultat d'une multiplication de six chiffres par six chiffres. Était-ce le fait d'un sixième sens ? Non, c'était simplement le fait d'un intellect prodigieux eu égard au calcul mental. En l'occurrence il ne faisait rien de différent, mais il faisait beaucoup plus.

Tel dompteur était capable de faire compter ses chiens. Était-ce posséder en propre sixième sens et télépathie qui le faisait communiquer avec ses animaux ? Non, c'est parce qu'à force de dressage sous la torture les caniches conditionnés obéissaient au moindre froncement de sourcils.

Le fameux Uri Geller, qui tordait des objets métalliques à distance, finit par être démasqué. Mais il fallut des années parce qu'il possédait au plus haut sommet l'art de savoir détourner l'attention. Hors la concentration sans âme de caméras de télévision cachées, il n'aurait jamais été démasqué.

L'EXERCICE DE LA VOLONTÉ

« Le principe suivant : "Chaque organe et chaque fonction du corps peuvent être développés par l'entraînement" peut nous suggérer que l'exercice de la volonté développerait justement notre volonté. [...]

R. Assagioli affirme : "Pour exercer la volonté il faut avant tout augmenter le capital de volonté qu'on possède déjà ; en d'autres termes, il faut exercer la volonté à vouloir efficacement. Il est donc nécessaire de mobiliser l'énergie des différentes impulsions et de la diriger de façon à développer la volonté." »

(I. CAPONIO, *Les Pouvoirs de la volonté pour réussir*, Éditions De Vecchi.)

Un couple de télépathes étonnait par la précision des messages transmis et reçus. Possédaient-ils un don spécial ? Non, ils possédaient seulement, et comme tous leurs collègues, un système de codes affiné par l'expérience. Toutefois, à force de faire et de refaire leur numéro, il arrivait qu'ils trouvassent la réponse sans avoir à truquer.

Une question se pose donc : une longue pratique ne développe-t-elle pas chez un individu l'accroissement d'une faculté donnée ? Si nous possédons quelque chose qui ressemble à un sixième sens, peut-on l'éduquer, l'améliorer ? Dans ce cas, que penser des gens doués au départ ?

Il convient donc de faire la part de la supercherie, celle de l'inexpliqué et celle de l'entraînement.

Depuis toujours, depuis la plus lointaine Antiquité, certains hommes ont voulu prendre de l'ascendant sur les autres hommes, et pour cela, tous les moyens ont été bons.

Les individus, par génération spontanée, se sont inventé des dieux, car tout homme porte en lui le sens du divin. Très vite les plus cyniques ont profité de la crédulité des plus naïfs et, dans bien des cas, ont pris la place des dieux ainsi que le montre l'histoire suivante. Elle est rapportée par Origène, l'un des pères fondateurs de l'Église catholique :

« Ces mages de mauvais augure utilisent une chambre close où ne peut pénétrer la lumière. Le plafond, parsemé de taches de naphte qui s'enflamment spontanément, est recouvert par une tenture noire ajourée que l'on meut latéralement. Au milieu de la pièce un bassin est rempli d'eau, au-dessus duquel le crédule peut se pencher. Le fond de ce bassin, transparent et éclairé d'une faible lumière, diffuse comme une obscure clarté qui tomberait des étoiles, et communique avec une chambre en dessous. C'est l'antre des dieux. Au signal la tenture se déplace laissant apparaître les étoiles au milieu desquelles se dessinent, au fond de la vasque, le noble visage des dieux. Dès lors il n'est plus que de faire parler le croyant à qui les dieux répondront par un tuyau acoustique, quand il aura donné une offrande. »

L'histoire ancienne recèle un nombre infini de « tableaux vivants » de ce genre, où ces petits Midas industrieux transforment en or la crédulité de leurs congénères.

Élevons-nous d'un cran dans cette immoralité industrieuse et évoquons Simon le Magicien. Nous sommes en Samarie, autour de l'an 50 après Jésus-Christ.

« ... Il faisait profession d'exercer la magie et frappait les habitants d'étonnement. Il disait qu'il était grand et ainsi les hommes de toutes conditions s'attachaient à lui, répétant : celui-là est la puissance de Dieu, la grande. On s'attachait à lui parce que depuis longtemps il étonnait le monde par ses enchantements. »

À quelque temps de là, Pierre et Jean viennent en Samarie pour imposer les mains aux néophytes. Témoin des prodiges qui les accompagnent, Simon voit dans les apôtres des magiciens plus habiles que lui-même. Aussi propose-t-il de leur acheter leurs secrets à prix d'or. La réponse outragée de Pierre invite le félon à se repentir. Sans doute alors Simon retourna-t-il à ses anciennes pratiques. La question qui se pose à propos de Simon est : croyait-il ou n'était-il qu'un charlatan envieux de plus professionnels que lui, plus grands guérisseurs ? Des gens dotés d'un sens que lui ne possédait pas. Le sixième sens ne serait-il pas celui qui fait les miracles ?

Le sixième sens et l'argent

L'astrologie

Mme Élizabeth Teissier, par sa notoriété, est en France l'une des références en astrologie. C'est donc lui rendre justice que de puiser dans son discours.

Selon cet expert, l'astrologie est fondée sur l'élaboration d'un thème astral qui représente un ciel astrologique donné au moment d'une naissance, laquelle peut se référer à n'importe quoi – individu, entreprise, plante, animal, etc.

De cette affirmation découlent d'immédiates et prosaïques questions : pour une pièce de théâtre, par exemple, dont l'avenir intéresse au plus haut point les protagonistes, que faut-il entendre par *date de naissance ?* Si tant est que directeur de salle, auteur, acteurs, tous plus ou moins motivés par la réussite financière, soient assez superstitieux pour subordonner à l'astrologie le destin de leurs espoirs. Pour un être, vivant ou non, éléphant, souris ou particule, doit-on se fonder sur la naissance ou sur la conception ? Pour une nation comme la France, quelle est sa date de naissance ? Et pour la Corse qui réclame son autonomie ? Il y avait là des décisions à prendre. Elles ont été prises et les astrologues peuvent ainsi prédire avec sérénité, sinon exactitude, l'avenir de la France autant que celui de la Corse, qui n'est encore qu'en gestation.

Un ciel astral se compose des deux luminaires que sont le Soleil et la Lune, et de huit planètes. La plus éloignée de ces planètes est Pluton, une petite boule de 2 400 kilomètres de diamètre à qui l'on attribue une grande importance pour l'avoir chargée, entre autres, de toute la représentation anale de l'individu. Rappelons que la Terre fait 13 000 kilomètres de diamètre. Mais pourquoi Pluton, si loin, si petite, jouit-elle d'une telle considération lors même que bien des planètes non prises en compte sont à la fois plus grosses et plus rapprochées de la Terre ? Le diamètre de Ganymède, satellite de Jupiter, est de 5 300 kilomètres ; celui de Callisto, de 4 800 ; de Titan, satellite de Saturne, 5 200 ; de Io, 3 600 ; et d'Europe, 3 100. Au nom de quoi avoir institué que telles unes valaient que l'on s'y intéressât et telles autres non ? Au nom de quel arbitraire encore accepter que Pluton jouisse d'une importance égale à celle de Jupiter, soixante fois plus volumineuse et au demeurant plus proche ? Comment les hommes ont-ils pu vivre avant la découverte, récente, de Pluton ? N'avaient-ils pas, comme M. Jourdain, de complexe anal ? En dernier lieu, il faut également citer les milliers d'astéroïdes de masses plus ou moins fortes qui gravitent à l'intérieur de notre système solaire.

L'astrologie est née des questions que l'homme a criées au ciel pour interroger les dieux. Précisons encore une fois à ce propos que *logos* en grec est le discours, d'où astro-logue, le discours sur les astres, lequel est peu prisé des astro-nomes, ceux qui étudient les astres sans les faire parler. Sous Ptolémée, la Terre était plate et le Soleil n'existait que pour la réchauffer. Sous Galilée et Copernic elle était devenue moins plate et cinq planètes étaient nées. À la fin du XVIIIe siècle, on en était à six, et en 1929 on découvrait la dernière, Pluton, la plus éloignée, la plus petite évidemment, et cela en même temps que l'on admettait la psychanalyse. Y aurait-il un rapport ? Depuis, on en a découvert d'autres. Pourquoi s'être arrêté à ce nombre de huit ?

Il y a toujours eu les astronomes, scientifiques qui étudient les astres et leur course, et les astrologues, ceux qui les font parler. Il n'y a jamais rien eu de commun entre les uns et les autres. Depuis les premiers astronomes, les Chaldéens, la science astronomique a beaucoup progressé mais l'astrologie ne s'est jamais renouvelée. Cela n'est-il pas troublant ?

Le ciel astrologique se divise en douze constellations. À cela les astronomes répondent : c'est faux, il y en a une treizième, Ophiucus, que l'on appelle aussi le Serpentaire. En outre, si les astrologues ont divisé l'année en douze mois pour y loger leurs douze constellations, attribuant ainsi une même valeur de temps à chacune, ils se sont bien éloignés d'une réalité qui attribue au passage du Soleil dans chaque constellation un laps de temps variant de six à quarante-deux jours. Le résultat est que votre signe réel est peut-être deux signes en avant ou en aval dans le Zodiaque.

Il est certain que l'astrologie se présente sous l'apparence mathématique rigoureuse d'un cercle de trois cent soixante degrés en deux dimensions (alors que le ciel est une boule en trois dimensions), divisé en douze secteurs de trente degrés, et huit planètes formant entre elles des angles donnés. Tout cela rassure l'esprit et étaye le discours. L'ennui est que si le support est rigoureux le fond ne l'est pas, et n'est qu'interprétation et malversation, résultat, somme toute, d'une analyse inventive.

Des gens sérieux, et d'autres qui voulaient passer pour l'être, ont accommodé l'astrologie à toutes les sauces statistiques possibles. Seuls les gens de peu de foi ou simplement désireux de trouver ce qu'ils cherchaient ont jamais réussi à prouver la réalité des desseins astrologiques. Les autres sont toujours à la case départ car rien n'infirme ni ne confirme.

Au bout du compte, une question que voici, entre mille, reste amusante :

Un individu naissant à un moment donné en un endroit donné est représenté par un thème astral unique, le sien, et deux individus alors, ou trois ? Et si c'est une femme ! Ceci nous amène à une conclusion pleine d'espérance. Si l'on souhaite trouver l'ami, le frère en l'esprit ou même, tout simplement, l'homme ou la femme de ses rêves, celui qui, plus encore que vous ressembler, est un autre vous-même, il n'est que d'aller voir sur place qui est né en même temps que soi. On a plus de chances dans une grande ville. Nous pouvons aussi renverser les rôles. Au lieu de chercher l'âme sœur, identique, vous décidez que votre destin sera plus riche en compagnie de l'être complémentaire. Dans ce cas vous construisez d'abord son thème idéal en regard du vôtre afin d'obtenir ses coordonnées précises. Si le résultat montre qu'il s'agit d'un vieil aborigène du désert de Victoria au sud de l'Australie le risque est dans ce cas que votre amour soit impossible. Mais seulement si vous êtes un homme.

Dernière remarque. Puisque nous connaissons parfaitement, grâce à l'astronomie, les mouvements passés et futurs des astres, il n'y a pas la moindre difficulté à établir le thème astral d'une petite fille qui va naître le 1er janvier 2001, à 0 heure à l'hôpital Broussais, 12, avenue Jean-Jaurès, Avignon. Donc nous connaissons déjà cette petite fille, nous savons qui elle est, sauf la couleur de sa peau. Autrement dit nous savons tout d'un personnage qui n'existe pas mais qui va exister. Faites alors un pas de plus dans l'imaginaire et vous êtes dans la réincarnation. Les astrologues, conscients de l'énormité de la chose, n'ont pas encore fait ce pas. On les comprend.

Alors finalement, l'astrologie : superstition ou science exacte ?

La voyance

Après une émission de télévision opposant un chercheur du CNRS et un voyant ayant pignon sur rue, une enquête immédiate fut effectuée. Première question : « Pensez-vous que les gens qui se disent voyants possèdent un sixième sens ? » La réponse fut oui pour un tiers des cas et pour la moitié elle fut : ce sont des charlatans. Seconde question : « Croyez-vous qu'il existe de vrais voyants ? » Les deux tiers des réponses furent : oui ! Traduction : un tiers des gens croient en l'existence possible d'un sixième sens et deux tiers en la capacité des voyants. En vertu de cet état des choses on admettra facilement la réalité du scénario suivant, qui s'est maintes fois reproduit.

Une dame, car ce sont souvent des dames, passe l'annonce suivante dans un petit journal local : « Recevez pour vingt-cinq francs la médaille de saint Florent qui guérit tous les maux ». Un certain nombre de crédules envoient un chèque et reçoivent en retour, et la médaille d'une valeur de un franc cinquante, et une notice qui les incite à se procurer, pour deux cent quarante-neuf francs seulement, le mode d'emploi, extraordinairement efficace et attesté, de ladite médaille. Un certain pourcentage répond encore qui reçoit une proposition à s'occuper d'eux à titre personnel. Le misérable engrenage est alors lancé, qui se traduira par : mille francs pour le CAP du garçon, deux mille huit cents francs pour une opération salutaire des reins, trois mille cinq cents francs pour l'invisible amélioration d'une cécité sans issue, etc. Il arrive, rarement, que des plaintes soient portées devant les tribunaux. Il arrive aussi que ces gens soient condamnés. Dans ce cas-là ils paient et recommencent un an plus tard, un peu plus loin. Le malheur et l'espérance sont grands, mais plus grande encore est la duplicité de ces fourbes.

Le 19 juin 1986 un motard s'écrase contre un camion et trouve la mort. C'est Coluche. Aucun voyant ou astrologue, de près ou de loin, n'a prévu cet accident ; pourtant, au salon suivant de parapsychologie, son thème astral partout affiché fait recette, qui démontre de manière mathématique le rendez-vous avec la mort en ce 19 juin. La preuve irréfutable de la voyance est qu'elle était en mesure d'annoncer cette mort inattendue, le thème astral est là qui le prouve. Le fait de ne pas en avoir fait part au préalable ne constitue en aucun cas un élément défavorable à la voyance ou à l'astrologie. Si tant de voyants roulent carrosse et vivent dans l'opulence, c'est bien parce que la voyance existe, n'est-ce pas ?

La voyance fit l'objet d'une autre série d'émissions de télévision. Elle était animée par un excellent Guy Lux, qui y était à sa place. Elle n'eut pourtant pas le succès escompté. Le pourcentage, vérifié *a posteriori*, de bonnes réponses des « invités », les mêmes d'un mois sur l'autre, montra une incroyable malchance dans leurs prévisions. Certaines réponses furent fatales à ces courageux professionnels, telles, par exemple, celle-là souvent donnée, qui prévoyait à Roland-Garros une autre victoire de Yannick Noah, qui se fit éliminer au troisième tour.

Il y a, entre le client anxieux et en état de demande, et le voyant, observateur expérimenté, un rapport de puissance qui ne sert qu'à un seul. Comment procède alors le commerçant ? Il observe, il note, il fait parler. Au premier coup d'œil il sait déjà l'essentiel sur son client. Il sait qu'il appartient à tel niveau social, à tel tempérament, bilieux, nerveux, sanguin ou lymphatique, et ce que peuvent alors être ses réactions et préoccupations devant ces trois éternels problèmes que sont l'amour, le pouvoir et la santé. Il n'est alors que de faire parler l'intéressé sur n'importe quel sujet, tout y sera révélateur et de son inconscient et de ses problèmes. Pourtant, au-delà de tout ce qui n'est qu'abus de crédulité, il demeure que certains voyants ont parfois des visions étonnantes et font des réponses intuitives qui les déconcertent eux-mêmes. Il se crée par instants des conjonctions imprévisibles que tout porte à croire être issues du hasard. Mais est-ce bien là l'effet du hasard et, encore une fois, qu'est-ce que le hasard ?

Il existe dans la corporation des voyants de grands professionnels autant que gens de bien. Ces gens-là savent qu'au-delà de toutes les inepties d'inéluctable usage, leur devoir est de réconforter, en donnant de l'espoir à ceux qui n'en ont plus.

L'ESPRIT D'OBSERVATION

« Les personnes que l'on qualifie volontiers d'intellectuelles manquent souvent d'esprit d'observation, leur cerveau fonctionne à l'émission, leurs sens, presque en sommeil, captent mal les sensations du monde extérieur. [...] L'esprit d'observation est important, car il fournit les matériaux dont notre imagination a besoin pour créer en combinant ceux que la mémoire a déjà mis en réserve.

Si nous sommes peu doués d'esprit d'observation, il faut alors prendre l'habitude de développer cette faculté... »

(C. De Groc de Salmiech, *Relaxation et Détente par la méthode Vittoz,* Éditions De Vecchi.)

La numérologie

Qu'on se le dise en guise de préambule, il y a autant de définitions de la numérologie que de numérologues. Pour certains, la numérologie est l'étude des nombres. Pour d'autres, c'est l'étude par les nombres. D'autres fois, c'est la traduction en chiffres de quelque chose d'indéfinissable qui donne à cet indéfinissable une caution, une allure de vérité dont les numérologues aiment à faire état.

L'étude des nombres a été menée très loin par Pythagore qui a essayé d'expliquer le sens du monde par le sens des chiffres. Pythagore n'a pas réussi car les nombres n'ont pas de sens autre que leur sens intrinsèque et numéral. Cela, si l'on y réfléchit, est d'une extrême beauté, car les exemples parfaits d'absence de sens sont rarissimes. Cette vacuité est propre à séduire, par antithèse, les esprits logiques et intuitifs. Par exemple, constater que neuf multiplié par neuf fait quatre-vingt-un et que quatre-vingt-un s'écrit huit et un dont la somme est égale à neuf, est une constatation troublante. Il existe des tas de petits jeux mathématiques de ce genre qui souvent étonnent et séduisent. L'erreur est de chercher à donner à cette séduction un sens au-delà de l'immédiat prosaïque, un sens qui va légitimer l'inconnu par rapport au connu, permettre d'extrapoler. Une limite de la qualité de ce sens propre des chiffres peut se concevoir par le constat suivant : une longueur de un mètre ne peut se diviser mathématiquement par trois de manière exacte ; pourtant, il y a une logique patente pour l'esprit à imaginer que trois morceaux égaux de longueur donnée, aboutés, vont faire un mètre. C'est évident, non ?

C'est encore plus éloquent avec le nombre *pi.* Reprenez votre ficelle de un mètre et faites-en un cercle. Y a-t-il une seule chance que vous puissiez exactement mesurer son diamètre ?

Dix pierres superposées de trente centimètres d'épaisseur peuvent constituer un pilier haut de trois mètres, pas une cathédrale. C'est en cela que réside l'immense sophisme des chiffres. Les chiffres sont l'expression même du vulgaire, du trivial. Encore une fois c'est l'homme qui a inventé les chiffres et cela n'entraîne en aucun cas que les chiffres puissent inventer le monde. Une pensée ne serait pas malsaine qui prétendrait que si le monde peut s'expliquer, c'est nécessairement à partir d'autre chose que des nombres.

Les chiffres ne transportent pas autre chose que leur propre réalité. Vouloir leur faire produire autre chose est le fait d'une illusion anthropomorphique rassurante. Cette démarche tendancieuse est propre à toutes ces pseudo-sciences en « logie » qui, telle l'astrologie, s'appuient ou se réfugient derrière un concept mathématique à l'intérieur duquel tout n'est qu'invention et mensonge. De ce point de vue la numérologie est peut-être ce qu'il y a de plus méprisant à l'endroit du populaire et de ses espérances naïves.

PRINCIPES DE LA NUMÉROLOGIE

À chaque lettre de l'alphabet vous associez un nombre. Au « A » vous donnez le nombre 1, et ainsi de suite. Pourquoi 1 ? C'est ainsi, il n'y a pas d'explication. Avec ce code vous pouvez numéroter votre prénom, puis votre nom. Votre date de naissance est, elle, directement en chiffres. Des trois nombres ainsi obtenus, le premier est votre nombre d'évolution personnelle, le deuxième est votre nombre d'hérédité, le troisième représente votre chemin de vie. Si vous manquez d'assurance, armé de ce simple bagage, vous pouvez vous équiper d'un système de référence de votre choix, par exemple, le tarot de Marseille, la kabbale, le cinquième évangile gnostique, etc.

LE NOMBRE DU NOM

« La Kabbale nous enseigne que chaque nom renferme un nombre, cause et signification de son existence. Prononcer un nom équivaut, sur le plan métaphysique, à ritualiser des énergies et perpétuer, en quelque sorte, la création. Les Latins disaient : Nomina sunt nomina, les nombres sont des dieux car ils représentent la prison de l'essence. Le nom de famille évoque de façon subtile et incessante la personne qui le portait. Le prénom, s'il est associé à des symboles et des images heureuses, confère son essence dorée à son porteur ; il en est de même pour le prénom funeste, lié à des épisodes douloureux ou violents. Le choix du prénom, de ce fait, ne devrait pas être dicté uniquement par le goût ou la mode. »

(L. TUAN, *Le Grand Livre des Sciences occultes,* Éditions De Vecchi.)

La morphopsychologie

De *morpho*, en grec « la forme », *psyche* « l'esprit », *logos*, « le discours ». Autrement dit, c'est le discours que l'on peut lire sur le caractère d'un individu à travers les traits de son visage.

L'idée préalable, simple autant que de bon sens, est qu'il doit y avoir une corrélation entre le visage d'un individu et son caractère, autrement dit, intermodélisation. Nous venons de le dire, cette idée est pleine de bon sens, et nous y reviendrons.

Le postulat de départ est simple : les visages sont ou « dilatés » ou « rétractés ». Le dilaté exprime la confiance, l'optimisme et l'ouverture. Le rétracté exprime la méfiance, le pessimisme et l'autoprotection.

Cette simplicité, peu scientifique, est insuffisante pour étayer une théorie. Les critères suivants ont donc été établis pour les besoins des morphopsychologues :

– la bosse du courage : elle est située à deux ou trois centimètres derrière et au-dessus de l'oreille ;

– la bosse de la ruse : est également au-dessus de l'oreille, mais légèrement en avant ;

– la bosse de la bonté : au-dessus du front, cachée par les premiers cheveux ;

– la mémoire : c'est une bosse au fond et à l'intérieur de l'œil. Bien sûr on ne peut pas la voir. On la devinera donc au fait qu'un individu a une bonne mémoire ;

– le fait de l'assassin : il se manifeste par la présence au-dessus de la nuque et à la base du crâne d'une petite bosse très marquée ;

– l'égoïsme : se mesure par le rapport entre la hauteur et la largeur du front ;

– le sens du vol : il est en relation directe avec le décollement des oreilles.

Bref, on pourrait recopier jusqu'au bout une longue liste de qualités dont la forme du visage et son particularisme témoignent. Ceci étant, il ne nous reste plus qu'à verser dans notre passoire les caractères qui nous intéressent. Par exemple, Bonaparte répond parfaitement au type révolutionnaire républicain de gauche. Le petit François, qui naît dans une famille de la grande bourgeoisie de droite, Dieu merci perdra en cours de chemin politique les mauvaises bosses qui déparaient son fier visage d'homme de gauche.

Il y aurait donc des limites à la fiabilité de la science morphopsychologique ?

Une représentation approximative pourrait en être le nombre de bosses de l'assassin qui ornent le crâne des juges et, réciproquement, le nombre de bosses de la justice qui décorent le noble front des assassins.

À l'instar de celui de l'astrologue, le propos du morphopsychologue commence souvent ainsi :

« Une loi qui est bien connue...

– Ah bon, de qui ?

– Comme tout le monde le sait, l'influence astrale...

– Non, je ne sais de l'influence astrale que ce que les astrologues racontent ! »

Il y a là la différence entre les propos dits, que n'importe quel irresponsable peut tenir, et les propos écrits qui entraînent la mise en cause possible de leur auteur. La même différence sépare le propos scientifique et le racontar autosatisfaisant.

Une mode est acquise de l'absence de coiffure. Le président Mitterrand pourtant aimait à porter une casquette. Cela signifie-t-il que le port de la casquette vous laisse une chance de devenir président ? Ce même président Mitterrand possédait un Labrador noir, principal personnage de la carte postale la plus vendue de Belle-Île. Votre ambition inconsciente va-t-elle vous pousser jusqu'à vous acheter Labrador et casquette ?

Il y a dans toutes ces « sciences » un immense danger : celui de décider en préalable de ce que sont les gens, de les cataloguer sous une étiquette définitive qui les privera de leur personnalité autant que de leurs possibilités, et les enfermera dans l'avenir artificiel et injuste que vous leur aurez fabriqué. Les dilatés sont bons. Les rétractés sont mauvais. Solution : il convient donc de faire disparaître la moitié rétractée de la population. Cela ne vous rappelle-t-il pas certaines horreurs de la dernière guerre ? Irez-vous jusqu'à refuser l'embauche d'un veilleur de nuit avec de bons certificats si votre morphopsychologue prétend qu'il a la bosse du vol ? N'y a-t-il pas là l'essence même du racisme ? On n'a jamais le droit de décider de ce qu'est un individu avant d'en avoir la preuve par ses actes. Quand vous aurez cette preuve, vous pourrez alors juger de ce qu'il fait mais toujours pas de ce qu'il est. Au regard de cet état d'esprit, la graphologie serait peut-être ce qu'il y a de moins inadmissible, même si le procédé reste peu fiable en soi.

Qu'est-ce que cela veut dire, la morphopsychologie et l'astrologie au secours de l'embauche ?

La parapsychologie

Qu'est-ce que la parapsychologie ?

La parapsychologie est la recherche et l'étude de facultés supposées du psychisme. Son but est de démontrer que des individus, eu égard à certaines qualités de l'esprit, sont mieux dotés que d'autres et que ces qualités sont utilisables au titre répétitif d'une fonction.

Les principaux domaines d'action de la parapsychologie sont :

– la télépathie ou transmission de pensée à distance ;

– la clairvoyance : perception d'images ou d'événements par des moyens autres que les sens normaux ;

– la pré- ou rétro-cognition : connaissance irrationnelle d'éléments du futur ou du passé ;

– la psychokinésie : action à distance de la pensée sur la matière, visant à la faire changer de forme ou d'état.

La parapsychologie est née à la fin du siècle dernier dans le contexte de l'éclatement industriel déclenchant la naissance d'une philosophie matérialiste.

Tout le monde, dans le cours de sa vie, a été confronté à des situations non explicables de natures diverses. Par exemple, la certitude que quelque chose va arriver, deux personnes qui prononcent la même phrase au même moment, le souvenir de quelque chose dont on n'a jamais eu connaissance, et bien d'autres phénomènes de ce type. De tout temps cet irrationnel a été le lot commun de tous et, parallèlement, certains individus ont prétendu être en possession de pouvoirs induisant ce genre de situation. Dans un monde tendant au pragmatisme, la parapsychologie est née du souci d'étudier ces problèmes, de les analyser et, si possible, de les reproduire.

La science, en ce début de siècle, s'y intéressa d'assez près pour que d'illustres noms s'y attachassent, tels Camille Flammarion ou Charles Richet.

Simultanément à cette révolution industrielle, la seconde moitié du XIXe siècle fut le théâtre d'un développement effréné du spiritisme dans toutes les couches de la société, y compris les plus pragmatiques.

Si certains individus, à l'évidence doués de qualités dites médiumniques, étaient capables de communiquer avec l'au-delà, cela était dû à une spécificité psychique qu'il convenait d'élucider.

Au terme d'un demi-siècle d'étude et de recherche il s'avéra que la question restait entière et qu'aucun commencement de preuve n'avait pu être élaboré dans ce sens. Un seul point était définitivement acquis : la relation déterminante entre l'« agent », élément moteur de l'expérience, et le « percipient », élément réceptif. Telle illustrissime médium suisse qui avait été, tour à tour, Marie-Antoinette ou la femme d'un maharadjah dans des vies précédentes, fut finalement reconnue comme fabulatrice. Mais, cependant que ces expériences spirites se poursuivaient, la dimension relationnelle devenait patente : peur de ne plus étonner, c'est-à-dire d'échouer, d'où le besoin d'en rajouter toujours davantage. Cette faiblesse de l'intellect, commune au spiritisme et à la parapsychologie, conduisit par la suite bien des expérimentateurs à arranger des « résultats », qui pour sa gloire personnelle, qui pour la gloire du spiritisme puis de la parapsychologie.

À partir des années 1930, la perception extrasensorielle fait l'objet d'expérimentation systématique. Son promoteur industrieux est le professeur de psychologie J. B. Rhine, auteur de *la Double Puissance de l'esprit*, dans son laboratoire de l'université Duke, à Durham. Le propos de Rhine est de comparer les résultats fournis par un sujet donné et le calcul de probabilité.

La télépathie

Faisons une expérience typique de la parapsychologie : prenons un jeu de cartes. Interposez un écran entre deux personnes dont une va montrer des cartes à l'autre qui ne peut les voir mais devra en deviner la couleur – trèfle, carreau, cœur ou pique. Si l'on répète l'expérience un grand nombre de fois, de deux choses l'une : ou bien on arrive à un résultat conforme à une statistique évidente (vingt-cinq pour cent de bonnes réponses, parce qu'il y a quatre couleurs), ou bien on arrive à un résultat différent. Dans ce deuxième cas on peut parler d'altération de la probabilité et l'on peut envisager un phénomène paranormal, lequel serait indubitablement lié au sens divinatoire augmenté ou diminué d'un sujet. Ce type d'expérience a été reproduit des milliers de fois. Une autre forme en a été fréquemment le dé ou la poignée de dés que l'on lance et qui est supposé amener un numéro plus fréquemment qu'un autre, selon le choix et la puissance psychique du lanceur. Hâtons-nous de répondre que jamais les statistiques n'ont été faussées par qui que ce soit et de manière renouvelable dans des proportions qui poseraient une interrogation.

Le jeu de cartes ordinaires fut bientôt remplacé par le jeu dit « de Zener », lequel, au lieu des classiques figures qui nous sont familières, comportait quatre dessins simplifiés.

Les résultats là encore ne furent guère probants. Ils démontraient cependant que les variations enregistrées tenaient autant à la subjectivité qu'aux qualités propres de l'individu concerné. D'autre part, il devenait de plus en plus visible que tel sujet qui pouvait avoir des résultats ponctuellement bons était à peu près toujours incapable d'être durablement bon. Il devenait alors impossible de tirer des conclusions, encore moins des lois.

En 1938, à Leningrad, les Soviétiques s'intéressent à des expérimentations télépathiques qui semblent donner quelques résultats exacts mais sans réel intérêt.

Dans les années 1960 le professeur Rémy Chauvin, en France, aurait acquis quelques résultats intéressants avec des animaux, en l'occurrence des souris, devenues capables d'éviter la partie, électrifiée au hasard, d'une aire à leur disposition. Cela est fort intéressant et laisserait supposer que l'instinct animal est plus performant que l'intellect humain.

À Fribourg, en Allemagne, Hans Bender procède à des tirages électroniques afin de se prémunir totalement contre le hasard. Là encore, rien de bien intéressant.

Dans les années 1970, deux physiciens, Targ et Puthoff, de l'université de Stanford (Californie), s'intéressent plus précisément à la clairvoyance. Ils mettent au point une expérimentation à distance qui consiste à faire décrire, télépathiquement, à un sujet percipient ce qu'un sujet agent lui envoie. D'après eux, même si des résultats significatifs ont été acquis, le phénomène de la clairvoyance télépathique concerne tous les individus qui voudraient se donner le mal d'entraîner cette disposition. Une question dès lors se pose : dans quelle mesure l'amélioration peut-elle se faire ? Cette question préoccupera les militaires russes et américains.

Simultanément, la parapsychologie fait une percée dans le grand public par le biais de la psychokinésie. Deux clans se forment rapidement. Ceux qui croient avec admiration que des Uri Geller ou autre Jean-Pierre Girard sont capables de tordre des objets métalliques à distance, et d'autres, prestidigitateurs ceux-là, qui n'y croient pas parce que plus ou moins capables d'en faire autant. Finalement, après des intervalles plus ou moins longs de célébrité, ces faux mages seront « dépiédestalisés » par les prestidigitateurs. Pourtant, une revue américaine d'un inattaquable sérieux, *Nature*, avait publié, à propos de Uri Geller entre autres, des résultats que contresignaient d'illustres savants américains. Cela fut fatal à la parapsychologie qui désormais n'aura plus jamais l'opportunité d'entrer au rang des sciences officielles. Aussi convient-il de signaler, à titre de paradoxe, le fait que la NASA s'y soit toujours intéressée.

Entre-temps une voie nouvelle s'était ouverte, susceptible de recherches sérieuses. Elle concernait la télépathie et ses rapports avec l'inconscient.

L'invention, puis les progrès de la radio, ne furent pas sans alimenter l'esprit de certains chercheurs en matière de phénomènes psy. D'autre part, l'inconscient faisait à cette époque une entrée en force dans l'imaginaire de ces chercheurs. Ainsi en arriva-t-on assez vite à supposer de possibles communications entre deux inconscients par le canal des ondes électromagnétiques émises par le cerveau.

En 1952, C. G. Jung et le prix Nobel de physique W. Pauli proposèrent une explication dite *de synchronicité*. Cette explication, dans le cadre des applications conséquentes de la mécanique quantique, se fondant sur les trous dans la chaîne du déterminisme, induisait que « la causalité n'est pas une vérité axiomatique mais statistique », et d'ajouter : « Les phénomènes exceptionnels ne relevant pas des classiques rapports cause/conséquence du déterminisme normal pourraient être l'expression d'un ordre invisible de l'univers auquel l'inconscient seul pourrait avoir accès. » Traduction, et c'est passionnant : un sujet ferait acte de clairvoyance lorsqu'il extérioriserait quelque chose d'inconscient correspondant à quelque chose qui se serait produit ailleurs sans cause apparente.

TÉLÉPATHIE ET CLAIRVOYANCE

« La télépathie a d'abord été considérée par Myers, en 1886, comme une pathologie, d'où le nom qu'il lui donna, tiré de têle *"loin" et de* pathos *"affection". On peut donc considérer que le terme est faussement approprié à ce qu'il voudrait désigner puisque le paradoxe semble évident : la transmission de pensée n'est pas une affection pathologique et la notion de distance ne joue pas. Il convient d'abord de distinguer la télépathie spontanée de l'expérimentation télépathique, laquelle bien sûr permet d'instituer un contrôle et une évaluation statistique des résultats.*

Dans la télépathie expérimentale, il est difficile d'isoler le phénomène de clairvoyance. Pour tenter de comprendre à quel phénomène (télépathie ou clairvoyance) on a affaire, il faudra s'appliquer à distinguer les deux processus :

– dans la télépathie, ce sont l'agent et le percipient qui sont en jeu ;

– dans la clairvoyance, le sujet est seul, c'est-à-dire sans la présence d'une autre personne susceptible de transmettre (à son insu ou non) une information par transmission de pensée. »

(R. L. Mary, *Hypnose et Télépathie,* Éditions De Vecchi.)

Si quelque chose existe qui se puisse constater en matière de sixième sens, c'est bien là et seulement là. Cela dit, quand bien même il deviendrait possible de reconnaître le phénomène il resterait toujours impossible de le reproduire ou de le quantifier.

Nous reviendrons sur la parapsychologie par l'un des rares chemins qui lui ouvrent un avenir possible : la psychanalyse et ses rapports sur fond d'inconscient dont un axe prometteur est la télépathie.

En attendant nous vous proposons quelques cas de réflexion.

Histoires de « parapsychologie »

LA MAISON HANTÉE DE SAINT-CYPRIEN

Cette histoire a ceci d'intéressant que les deux partis s'y trouvèrent en présence, à savoir, les tenants de la parapsychologie et ses détracteurs.

En 1979, un article paraît dans la presse à propos d'une maison hantée. En substance, voici l'histoire :

M. et Mme Georget habitent depuis treize ans dans une maison retirée à l'extérieur du bourg de Saint-Cyprien, dans les Alpes de Haute-Provence. Depuis plusieurs mois des coups sourds, mais audibles, résonnent à intervalles irréguliers dans leur maison, à ce point qu'ils n'en peuvent plus dormir et s'angoissent. La gendarmerie informée vient sur place se rendre compte, constate le phénomène mais ne peut l'élucider, et le mystère reste en l'état. Ne sachant plus à quels saints se vouer les époux Georget, instruits par un journaliste sagace, s'adressent alors au seul laboratoire de parapsychologie existant au plan national, mais non officiel, et qu'abrite une grande université du Sud de la France. Ledit laboratoire dépêche sur place son directeur, M. X, lequel, par amour de la science, n'hésite pas à passer une longue nuit sur place, afin d'étudier le phénomène. Cette nuit de guet, hélas, si elle permet d'enregistrer sur un magnétophone portable les coups résonnant dans la maison, ne permet pas d'en expliquer l'origine. Selon le professeur X, « il s'agit d'un phénomène d'une rareté exceptionnelle qui ne peut relever que de la psychokinésie » (psychokinésie : action de la pensée sur des objets qui en modifie la structure ou les propriétés). Traduction : ces coups sont provoqués par l'inconscient des époux Georget.

Le professeur X prend alors un parti opportuniste mais plein de bon sens. L'occasion est tentante d'alerter les médias et de pouvoir enfin faire sortir la parapsychologie de la condition méprisable dans laquelle la science officielle la tient confinée. Le professeur X, dont ce n'est certes pas la bonne foi qu'il faut mettre en doute, en attendant polit ses armes et prépare un Austerlitz par ses soins médiatisé. À cet effet il informe la presse, qui n'hésite pas à envoyer ses reporters sur place *(Le Monde*, le *Figaro Madame...)*, propose à M. Cuniot, président du festival « Sciences et Illusion » de se déplacer sur les lieux du mystère et, enfin, demande à la direction départementale de l'Équipement de dépêcher un spécialiste. Ce sera M. Jean-Claude Gilly, qui viendra accompagné de spéléologues-géologues pour descendre dans le puits voisin. Ils en remonteront les conclusions suivantes : « Il s'agit d'un phénomène connu de cavitation, inhabituellement puissant dans le cas présent, du même ordre que ceux qui se produisent dans les tuyauteries lorsque l'eau est tirée en abondance. La pression provoque des bulles d'air qui s'étirent puis explosent. L'équipe de spéléologues localisera avec précision l'endroit où frapper, et frappera de telle sorte que les coups se reproduiront pareillement dans la maison, laquelle, dans le cas présent, fait caisse de résonance. Selon les géologues, il n'y a rien à faire sinon attendre la saison sèche ou déplacer le puits. »

UN RÊVE PRÉMONITOIRE : LES CHAPEAUX SUR LA RIVIÈRE

Cette histoire est un cas d'école. On la retrouve dans tous ces livres qui font l'apologie des « pouvoirs secrets de l'homme », lesquels livres, somme toute, n'expliquent rien et se bornent souvent à composer des anthologies de facile et lassante séduction. Charles Richet la mentionne également, que nous allons rencontrer plus loin.

Nous sommes en Angleterre en 1878. Mme Green vit dans un cottage sur la côte sud, à une douzaine de kilomètres de Brighton. C'est une femme de quarante ans environ, d'une grande sensibilité. Les rêves ont accoutumé de peupler ses nuits, auxquels elle attache de l'importance. Il en est un justement qui l'a troublée à ce point qu'il vient de la réveiller elle d'abord, puis son mari, M. Green, à qui elle le raconte. Le lendemain matin est le 10 janvier, jour de son anniversaire et de celui de son fils, et Mme Green pense toujours à ce rêve qu'elle ne comprend pas.

« ... Deux jeunes femmes dont les visages lui sont inconnus conduisent un buggy que tire un cheval bai. Assurément c'est en été, car il fait très beau et les jeunes femmes, élégantes, portent chapeau, robe longue et ganses de soie claire. Voilà que l'attelage arrive près d'une rivière. Le cheval qui a soif sent l'eau et accélère son trot, échappant au contrôle de la jeune femme qui conduit. La route soudain prend une forte pente pour descendre jusqu'à la berge qui surplombe la rivière encaissée. Le cheval, précipité par son élan et le poids de la voiture, essaie de s'arrêter. Les jeunes femmes tentent de freiner. La voiture un instant oscille au-dessus du fossé, bascule, puis s'engouffre dans l'eau au milieu d'une gerbe d'écume. La rivière est profonde. Le buggy disparaît, ainsi que le cheval, ainsi que les jeunes femmes. Les chapeaux de ces dames que le courant entraîne flottent encore sur l'eau. »

Trois semaines plus tard, Mme Green reçoit une lettre de son frère qui vit en Australie. Il y a dans l'enveloppe, en plus de la missive, une coupure de journal qui relate la noyade de deux jeunes femmes qui faisaient une promenade en voiture à cheval. L'une était Mlle Allen, nièce de Mme Green, qu'elle n'avait jamais vue, l'autre était une amie. La date du journal correspond à celle du rêve inexpliqué de Mme Green.

Dans son livre *L'Avenir et la Prémonition*, le professeur Charles Richet, à propos de ce cas remarquable, écrira ceci :

« Peut-on admettre que la dernière pensée de la jeune fille luttant contre la mort soit d'aller alerter, aux antipodes, cette tante inconnue ? C'est absurde ! »

Ce cas, classique dans les annales de la prémonition, est troublant et nous ne sommes pas plus capables de l'expliquer que tous ceux qui s'y sont essayés. Relevons quelques détails :

– pendant qu'il fait jour en Australie, il fait nuit en Angleterre. Ceci entraîne que l'inconscient assoupi et permissif de Mme Green a pu être plus impressionnable que celui des proches de la jeune fille, en pleine activité mentale ;

– la distance semble ici ne jouer aucun rôle et il y a simultanéité des faits comme s'ils étaient advenus d'un côté à l'autre d'une rue ;

– c'est une tante, non point par alliance mais du même sang, qui reçoit le message. De cela nous pouvons tirer la question : les liens du sang sont-ils meilleurs conducteurs ?

Bref, si nous ne sommes pas plus avancés nous sommes pourtant séduits par la concordance entre ce rêve prémonitoire et la définition de Jung, que nous avons vue quelques pages plus haut.

Ce que nous venons de dire est l'approche positive de la question par quelqu'un qui voudrait y croire. N'oublions pas que nous ne sommes pas là pour y croire, mais pour essayer de comprendre. Ceci étant, quelle serait la position du sceptique, que pourrait-il opposer ?

Mme Green est probablement d'une grande sensibilité, voire d'une grande sensitivité : elle rêve beaucoup, elle croit aux rêves. N'oublions pas que nous sommes en plein dans la fin de ce XIXe siècle spirite au-delà de tout. Alors pourquoi n'y aurait-il pas, parmi tous ses rêves, l'un au moins qui, par hasard, correspondît à une réalité arrangée ? Ne suffit-il pas d'adapter un peu ce rêve, choisi entre tous, pour que quelque correspondance s'affiche ? Autre chose ! M. Green constitue la preuve unique qu'elle a fait ce rêve, puisqu'elle le lui a raconté. Mais si l'on imagine la fin de l'épisode, dont on ne nous dit rien, M. Green ensuite n'existe plus, comme si, habitué (lassé ?) aux rêves de sa femme (hystérique ?), il se retirait de cette histoire en étant le premier à ne pas y croire. Nous savons ce que les journalistes savent faire d'une histoire anodine en mentant pour générer de l'exceptionnel. Enfin, selon les sources d'où l'on tire la relation de cette prémonition, si les faits concordent les détails divergent parfois.

Les faits sont clairs et peu nombreux : deux jeunes femmes, une voiture tirée par un cheval, une rivière et deux chapeaux qui flottent sur l'eau.

Les détails sont : la saison, à laquelle les différents chroniqueurs font référence ou non ; la voiture à cheval, dans un cas il s'agit d'un buggy, voiture légère suspendue, dans l'autre d'une lourde voiture comme celle qu'utilisent les livreurs de lait à Londres. Un autre fait nous étonne : qu'un cheval attelé ait pu chuter dans une rivière n'est pas chose commune et sans doute a-t-il été nécessaire que les bords de la rivière fussent escarpés. Cela laisse supposer qu'il devait y avoir du courant. Comment alors les chapeaux ont-ils pu rester sur place, ces chapeaux qui sont les héros de l'histoire ?

Enfin, le rêve de Mme Green ne devient prémonitoire que parce qu'elle reçoit une lettre de son frère trois semaines plus tard. Combien de rêves n'a-t-elle faits avant, pendant et après cette période, dont un, au moins aurait pu n'être pas éloigné dans sa forme ? Il y aurait de la logique à croire que, recevant la lettre d'Australie, Mme Green ait cherché de toutes ses forces un rêve de son stock qui s'accordât avec cette réalité. Le cas échéant, elle en a été récompensée, puisqu'elle a trouvé.

Et cette date du 10 janvier ?

Cela pourrait être la partie exacte de la « vérité selon Mme Green ». Elle a pu, effectivement, cette nuit du 10 janvier, réveiller son mari, comme elle le fait souvent. Ce qui ne l'a pas empêché, lui, de se rendormir comme il s'est habitué à le faire. Un mois plus tard elle le lui rappellera : « Souvenez-vous mon ami, cette nuit-là, je vous ai réveillé ! »

Pour terminer, ce 10 janvier est la date anniversaire des naissances de Mme Green et de son fils. Naissance, mort, il n'y a pas loin de l'une à l'autre. En tout cas, pour une femme sensible comme Mme Green, cela vaut bien un bon cauchemar, n'est-ce pas ? Alors elle a rêvé de mort par noyade parce qu'elle habite près de la mer et que c'est très anglais. En outre, parce que son inconscient ne voulait tuer ni son fils ni elle-même, même en rêve, elle a remplacé son propre personnage par une autre jeune femme, qu'elle ne connaissait que par ouï-dire, et pas trop chère à son cœur, sa nièce inconnue.

Notre bilan, sur lequel nous reviendrons, est simple et on pourrait le traduire ainsi : beaucoup de faits du hasard existent. Ils résonnent puissamment dans l'esprit de gens dont la sensibilité est à la limite de l'hystérie si fréquente et bien établie par Freud. Mais aussi, quel bonheur d'avoir des prémonitions, d'être différent des autres, de posséder ce don de voir presque l'avenir !

On peut également raisonner en posant pour principe que tout fait implique une explication. Cela est cartésien et recevable. Que dire alors de ceux qui sont encore inexpliqués ? Nous étiquetons une partie de ces derniers sous le label *hasard*. Mais nous avons cette faiblesse de mal supporter ce hasard et nous fabriquons des explications séduisantes. Dès lors, n'y a-t-il pas quelque faute de notre part dans cette obstination ?

Ces petits faits, événements, quelle résonance ont-ils dans l'esprit d'un scientifique sans génie, homme de bon sens et de simplicité ? Pourquoi les scientifiques n'ont-ils jamais de prémonitions, d'intuitions féminines ? Est-ce parce qu'ils admettent le hasard ? La science serait-elle la seule manière de connaître et d'apprécier le hasard ?

HASARD ET PROBABILITÉ

Je travaille de manière habituelle à la Bibliothèque nationale. Dieu sait que pour écrire un livre sur un sujet que l'on aime il faut en lire des dizaines. La BN est le seul endroit où ils y sont tous.

Pour rédiger ce livre j'utilisais un micro-ordinateur acheté aux États-Unis, par conséquent équipé d'un système américain. Je cherchais sans urgence quelqu'un possédant le même modèle afin qu'il me prête ses disquettes-système en français. Dans la salle des microfilms, je me trouvai assis à côté d'un garçon dont le nom s'avéra être Laurent. Ce garçon s'échinait, deux matinées par semaine, sur une thèse d'histoire politique. Je constatai avec bonheur que Laurent possédait à la fois un visage avenant et le même Powerbook que le mien. Nous sympathisâmes et convînmes d'un rendez-vous afin qu'il pût m'apporter ses disquettes. Empêché sans doute, il ne vint pas à ce rendez-vous. Le hasard qui nous avait mis en présence était-il destiné à devenir, pour moi, sans profit ?

Il y a quarante places dans la petite salle des micro-films et trois cent soixante en bas, dans la grande salle des imprimés, dont la moitié dispose d'une prise électrique.

En ce temps-là, j'allais à la BN de 12 h 30 à 18 h 30, quatre jours par semaine, cependant que Laurent y allait deux fois, de 9 à 13 h.

Le facteur chance qui aurait pu nous faire rencontrer était donc, dans le temps, de quatre sur cinq, pour moi, soit 0,8, et de deux sur cinq pour Laurent, soit 0,4. Résultat : 0,32.

Le même facteur chance, mais dans l'espace cette fois, qui aurait pu nous voir assis l'un à côté de l'autre était de un sur cent quatre-vingts plus quarante, soit deux cent vingt. Mais ce pourcentage doit être multiplié par deux puisqu'il y a pour l'un la possibilité d'être assis à droite ou à gauche de l'autre, c'est-à-dire une chance sur cent dix. Résultat : la chance de se retrouver l'un à côté de l'autre était de 0,32 x 110 = 1/344. Quatre jours plus tard nous nous retrouvâmes assis l'un à côté de l'autre dans la salle des imprimés.

On ne choisit pas sa place à la BN. On attend qu'il y en ait une de libre. Cela est mon cas en arrivant à 12 h 30, mais pas celui de Laurent qui est là à l'ouverture, dès 9 h.

Certes, il y avait plus ou moins dans l'esprit de Laurent comme dans le mien, le désir de nous retrouver à nouveau par hasard et cela n'aurait pas manquer de se produire au bout d'un certain nombre de semaines.

Que faut-il en conclure ? Faut-il en référer au hasard, à la coïncidence, ou à quelque chose d'autre ?

Cet exemple est excellent en cela qu'il est inclassable. Il s'agit bien d'un hasard, en effet, puisque la chose, sinon désirée, était envisageable, mais il s'agit aussi d'une coïncidence puisque la chose, quoique invraisemblable, était envisageable. Pourtant il demeure que se rencontrer quatre jours après relève presque de l'incroyable.

La vie, en permanence, est pleine d'exemples comme celui-là, mais nous ne les voyons pas, de même que nous ne voyons pas les rayons ultra-violets. Pourtant ils existent, de même qu'existe un *statu quo* de forces énormes dans lequel nous sommes immergés et en équilibre. Nous n'avons pas conscience de ces forces qui nous manipulent continuellement. Il suffit qu'un infime déséquilibre se produise en un endroit pour créer une conséquence en un autre endroit. Rappelez-vous cette belle définition de Jung et Pauli, à propos de la clairvoyance et de la synchronicité : « Un sujet ferait acte de clairvoyance lorsqu'il extérioriserait quelque chose d'inconscient correspondant à quelque chose qui se serait produit ailleurs sans cause apparente. »

Du côté de la science

Lors même que l'individu commençait à structurer sa pensée, c'est-à-dire à se situer dans le monde qui l'entourait, il s'est vu cerné par la matière, à une exception près, mais de taille : le ciel. Très vite il s'est senti pris par une inexorable dualité : la matière, source et loi de la vie, et le ciel, but et objet de l'esprit, de l'imaginaire. Il lui fut alors loisible de se poser une question : lui, l'homme, représentait-il la forme la plus élaborée de la matière ou bien la forme la plus frustre de l'esprit ? Était-il, dans une chaîne sans commencement et sans fin, un simple intermédiaire, un moment dans le temps ?

À défaut de pouvoir structurer, inventer, le monde en aval, c'est-à-dire dans le futur, il s'efforça de le comprendre en amont, dans le passé. Pour ce faire il classa la matière en trois états : minéral, végétal, animal. À regret il lui fallut alors concéder que lui-même procédait du monde animal. Aussi décida-t-il, parce que cela était opportun, de distinguer dans le monde animal une catégorie supérieure, celle des hommes, et une autre, inférieure, celle des animaux. La frontière étant formalisée par ce seul fait : pouvoir se penser soi-même, ce que l'on peut aussi appeler la conscience, dans un sens presque freudien. Pourtant, la question demeurait et demeure toujours : l'homme est-il l'expression la plus élaborée de la matière ou la formulation la plus triviale de l'esprit ?

Les particules sont éternelles

Plus la matière s'élève dans la hiérarchie, et plus son analyse est source de surprise et d'émerveillement, mais aussi de complication et d'incompréhension. Une de ses formes les plus élaborées est probablement celle dont est issue la vie, c'est-à-dire les cellules qui contiennent l'ADN (acide désoxyribonucléique contenu dans les chromosomes). Mais il ne faut pas se leurrer car tout cela reste matière. Pendant longtemps, nombre de scientifiques matérialistes ont ainsi limité leur pensée à ce seul univers philosophique et rationnel : nous naissons de la matière, nous vivons en tant que matière et, en mourant, nous retournons à la matière. C'était par là même nier l'esprit ou, tout au moins, le placer sous l'incidence du hasard, cet éternel hasard dont on a, une fois pour toutes, admis la nécessité.

L'esprit est-il dans la matière ?

Le cerveau est constitué de petites cellules que l'on appelle la matière grise, laquelle a pour fonction, entre autres, de fabriquer la pensée. La pensée est donc générée par la matière. Peut-on déduire de cela que la matière est pensante, qu'elle possède l'esprit ? et, pour un pas de plus, que l'esprit est dans toute matière ? Lorsqu'un quartette à cordes racle ses violons, il produit de la musique. Est-ce de l'esprit ou de la matière ? N'y a-t-il pas un énorme paradoxe à admettre que nous, qui sommes matière, ayons tant de difficulté à comprendre cette même matière ? Au nom de quoi nous autorisons-nous à nous oindre de l'esprit tout en le refusant à cette même matière dont nous sommes constitués ?

Lorsque l'on découvre les techniques d'appariement des chromosomes, qui se font selon des processus d'association d'une complexité inouïe, pour nous incompréhensibles encore, on ne peut s'empêcher d'être ébloui par une telle perfection, laquelle unit en un seul fait le rationnel et le fonctionnel non mathématique. Il nous est alors possible d'accepter cette idée que la nature seule est capable de nous proposer la démonstration d'une union parfaite entre le rationnel, la raison, et le fonctionnel, la fonction, en l'occurrence la vie. Notre seul handicap reste alors que si nous pouvons nous émerveiller devant la fonction nous ne comprenons toujours pas la raison.

L'exemple des chromosomes est un des plus beaux qui puissent venir à l'appui d'une thèse qui serait : la matière sait-elle ce qu'elle fait (et qui viendrait en contre-proposition à cette lancinante affirmation : le monde est beau !) ? A-t-elle un passé, un avenir ? Renferme-t-elle la connaissance ? C'est alors qu'il faut se remettre en mémoire cette éternelle pensée, triste sans doute mais objective : le monde n'est pas beau ou merveilleux, le monde est ce qu'il est et pourrait être différent. Cela est une question aussi motrice et angoissante que sans issue. C'est la question type que le poète pose au scientifique et que le scientifique ne supporte pas : que pourrait être un monde autre ?

Lorsque l'esprit décide de se confronter à cette question, il se place devant un choix inéluctable.

A. Se placer en tant que matière dans la matière pour tenter d'expliquer de l'intérieur son propre fonctionnement. C'est là une attitude anthropomorphique qui se fonde sur le fait de rapporter à une dimension humaine des problèmes auxquels on assigne une dimension et une explication humaines. Peut-être est-ce de cette manière que les fourmis s'expliquent leur propre fonctionnement dans l'univers qu'elles partagent avec nous. Mais si nous pouvons imaginer les fourmis, les fourmis ne peuvent pas nous imaginer.

B. Tenter, désespérément, de sortir de cette condition humanoïde pour essayer de comprendre ses propres fonctionnements, à la manière dont l'homme a partiellement compris le fonctionnement d'une fourmilière.

La position A génère ce progrès scientifique que nous vivons depuis toujours et qui ne nous a jamais rien apporté de différent. L'homme d'aujourd'hui n'en sait pas plus sur l'esprit de son contemporain qu'hier Socrate n'en savait sur Xanthippe. Mais il a progressé dans la connaissance de la matière. Une petite découverte suit une autre petite découverte, à la manière dont un nouveau record suit l'ancien.

La position B implique d'inventer selon une imagination nouvelle ne reposant sur rien d'existant. C'est un délire total qui induirait la création à partir du néant. Cela est inacceptable et ne serait pas même envisagé par les écrivains de science-fiction.

Pourtant, l'explication, au cas où elle nous serait accessible, se trouve dans un univers étrange sans rapport avec notre imaginaire. Pour concevoir, le temps d'un éclair, cette vision de l'explication il faudrait être à la fois fou et génial. Il est à craindre qu'il y ait de notre intellect à l'explication la même distance que de la fourmi à notre intellect, une quinzaine de millions d'années.

Si un jour quelque bricoleur génial trouve un moyen possible d'entrevoir un commencement d'explication ce ne sera certes pas par des méthodes scientifiques. Ce sera plutôt par obsession personnelle et sans savoir que la science avait déclaré cela impossible.

Un scientifique va concevoir une voiture extraordinaire qui, finalement, ne roulera pas. Le bricoleur de génie, lui, arrivera à la faire rouler.

La matière a-t-elle des souvenirs ?

Composants ultimes des atomes, les protons et électrons sont des particules stables, c'est-à-dire d'une durée de vie infinie. S'il fallait exprimer en chiffres le nombre d'électrons qui compose un individu normal, ce chiffre serait proche de 4 suivi de 27 zéros. La taille d'un électron est de 1/1000 de milliardième de millimètre. C'est un espace fermé, indépendant et sans communication avec le reste de la matière. À l'intérieur de cet électron, la relativité espace/temps est inversée. Cela implique, entre autres acceptions de la physique moderne, que le passé, infini, y est un présent permanent, parce que cyclique en normes de milliardièmes de seconde. On peut donc proposer, voire admettre, que cet électron enferme l'esprit conjointement à l'éternité. D'autre part, cet électron est en perpétuelle expansion et communication avec les quelques milliards d'autres électrons qui composent notre cerveau. Cet état de la physique ouvre ainsi une porte immense sur un monde fabuleux, celui de la domestication de cet électron, autrement dit, l'accession à la connaissance par le vol de sa mémoire. Ceci est à mettre en rapport avec les recherches très sérieuses des « nouveaux gnostiques » de l'université de Princeton qui, depuis une vingtaine d'années, cherchent l'esprit dans la matière. D'aucuns ne se sont pas fait faute de franchir ce pas aléatoire et de croire, sinon d'affirmer, que la possibilité de franchir cette étape, communiquer avec la mémoire de la matière, procédait, par nature, d'un sens différent et relevait du possible.

On se rappellera avec émotion cette querelle, il y a quelque temps, à propos de la mémoire de l'eau, recherche tournée en dérision. Serait-ce là un premier pas de la poésie dans le scientifique ? Y aurait-il là quelque vérité ? Peut-être, mais elle est tellement diffuse que les scientifiques, à juste titre, ne s'y intéressent guère encore.

Nous commençons tout juste à connaître cette matière dont rien ne se perd et que tout transforme. Elle est chargée d'un souvenir infini. Arriverons-nous un jour à communiquer avec elle ?

TROIS MAXIMES SUR LE MONDE DES SENS

« L'organe des sens est un immense clavier, sur lequel l'objet extérieur exécute tout d'un coup son accord aux mille notes, provoquant ainsi, dans un ordre déterminé et en un seul moment, une énorme multitude de sensations élémentaires correspondant à tous les points intéressés du centre sensoriel. »

(H. BERGSON, *Matière et Mémoire.*)

« La notion courante de la vérité exclusive du fait, tel qu'il est révélé par les sens, est radicalement détruite par une assertion comme celle-ci, d'un physicien contemporain, Max Planck : "L'image du monde physique s'écarte, en sa structure, de plus en plus du monde des sens." »

(H. DANIEL-ROPS, *Le Monde sans âme.*)

« Quand on a raison vingt-quatre heures avant le commun des hommes, on passe pour n'avoir pas le sens commun pendant vingt-quatre heures. »

(RIVAROL, *Maximes et pensées.*)

Les expérimentations de Charles Richet

Dans son avant-propos à *Notre sixième sens* (1928), Charles Richet – qui a dédié cet ouvrage à Henri Bergson (« Ce livre d'audacieuse physiologie est dédié à mon illustre ami Henri Bergson, le plus profond penseur des temps modernes. ») – expose : « ... Les faits que je relate entraînent qu'il y a un sixième sens. Cela est révolutionnaire, mais quand il s'agit de science il convient d'être révolutionnaire à la condition que l'on s'appuie sur ces deux bases inébranlables de la biologie : l'observation et l'expérience. »

La sensation du monde s'acquiert par les cinq sens :

– le nerf optique (deuxième paire) qui donne le sens de la vue ;

– le nerf auditif (cinquième paire) qui donne le sens de l'ouïe ;

– le nerf olfactif (première paire) qui donne le sens des odeurs ;

– le nerf glosso-pharyngien (neuvième paire) qui donne le sens du goût ;

– l'ensemble de la peau, enfin, et presque toutes les muqueuses, entraînent la notion de contact et donnent le sens du toucher.

Un individu qui serait démuni de ces cinq sens serait dans

un état végétatif. On peut donc admettre qu'il n'y a dans l'intelligence que ce qui y a été apporté par les sens.

Démontrer que la connaissance peut se manifester à l'esprit par d'autres modes revient à démontrer l'existence d'autres sens, un sixième sens.

Ainsi, les informations que nos sens nous donnent conduisent à une certaine connaissance du monde, une connaissance limitée par la capacité même de ces sens. Associons à cette idée cette autre, si répétée mais si juste : la fonction crée l'organe. Ne pourrions-nous proposer alors qu'une autre perception du monde, différente de celle résultant des organes, puisse exister par le fait de sens purement psychiques que nous avons perdus ou refusé de développer ? Citons l'instinct. Cet instinct qui fait faire mille kilomètres à un chien pour retrouver ses maîtres, cet instinct qui fait traverser des continents à des oiseaux migrateurs que la nature a dotés, condition *sine qua non*, d'un incroyable sens de l'orientation. Nous pourrions faire une liste de nos qualités perdues dont le monde animal conserve la trace plus ou moins patente.

Lorsque nous avons quitté notre statut d'animal nous avons simultanément gagné beaucoup et perdu autant.

L'instinct des animaux s'amenuise par le fait de la domestication. Élevés en captivité puis remis en liberté, ils meurent d'être devenus incapables de se nourrir ou de se battre pour survivre. Cette incapacité à se défendre pour survivre, cette perte du sens même de la vie ou, mieux, de l'adaptation, n'aurait-elle pas un rapport direct avec ce que nous imaginons procéder de cette notion si vague que nous appelons sixième sens ?

À la différence des animaux, nous possédons la mémoire ou, du moins, une conscience de la mémoire qui constitue l'essence du temps, donc du passé. Les animaux qui sont sans conscience de la mémoire sont-ils sans passé ? La réponse mathématique est oui. La mémoire viendrait-elle ainsi détruire l'instinct pour construire le passé ? Lors même qu'un animal devenait l'homme et entrait en possession de la conscience, puis du passé, ne procédait-il pas à un inéluctable échange avec la connaissance instinctive, c'est-à-dire, en somme, l'éternité, puisque sans l'expérience comparée il ne peut y avoir amélioration, mais seulement adaptation ?

LES INSTINCTS ATAVIQUES DU CHIEN

Par rapport à l'intelligence, l'instinct présente la caractéristique d'être immuable et héréditaire : il regroupe toutes les qualités et facultés que l'animal possède déjà en venant au monde. L'instinct procède de l'inné : il peut être défini comme le mobile qui provoque chez les animaux une série de mouvements et d'actions – appelés « comportement » – qui servent à atteindre un but utile à la vie.

Cependant cet instinct si puissant chez le chien explique difficilement certains comportements qui nous sembleraient plus proches d'un « sixième sens ». Certains maîtres, qui ont lié avec leur animal une relation affective forte, ont ainsi l'impression que le chien communique avec eux par télépathie. Ce « sixième sens » du chien est étudié de façon très sérieuse par le biologiste américain Rupert Sheldrake. Ce scientifique avance l'hypothèse d'un champ « morphogénétique » qui permettrait aux informations d'être transmises entre le chien et l'homme, et réciproquement.

« Le sixième sens est cette sensibilité mystérieuse qui nous dévoile d'imparfaite manière et en de fugitifs instants, un fragment d'une réalité disparue que nous ne re-connaîtrons peut-être jamais. »[1]

1. Charles Richet, *Notre sixième sens*, Artha Production, 1995.

Nous sommes entourés par un ensemble de phénomènes invisibles dont nous n'avons aucune conscience. L'attraction terrestre qui empêche les gens aux antipodes de tomber ; la force magnétique qui ne nous attire pas malgré la puissance d'un énorme électroaimant ; les ondes hertziennes, qui forment une immense toile d'araignée, à l'intérieur de laquelle nous vivons en permanence, sans en être conscients ; les rayons ultraviolets et infrarouges qui savent modifier une plaque photographique sans que nos yeux s'en rendent compte ; les rayons X qui ont causé la mort sans avertissement d'un si grand nombre de radiologues ; les ultrasons que nous n'entendons pas au-delà et en deçà de certaines fréquences.

CHARLES-ROBERT RICHET (1850-1935)

Physiologiste français né à Paris, il obtint les diplômes de docteur en médecine en 1877 et de docteur ès science en 1878, fut reçu agrégé à la faculté de médecine de Paris en 1878 et nommé professeur de physiologie en 1887. Il découvre avec Portier l'anaphylaxie et obtient le prix Nobel de médecine en 1913. Il a publié de nombreux ouvrages dont : les Poisons de l'intelligence (1877), Recherches expérimentales et cliniques sur la sensibilité (1877), L'Homme et l'Intelligence (1884), Dictionnaire de physiologie (1895). En outre, il écrit de nombreux livres sur le paranormal, parmi lesquels L'Avenir et la Prémonition, Notre Sixième sens, Traité de métapsychique.

Ceci n'est qu'un faible échantillonnage de ce que nous connaissons du monde invisible. Qu'imaginer alors à propos de tout ce que nous ne connaissons pas ? Quel est ce sens qui fait retourner sur des milliers de kilomètres parfois ces animaux migrateurs vers les lieux de leur naissance ? Les systèmes de perception de certains animaux nous sont parfois bien mal connus.

En matière de perception extrasensorielle, de sixième sens, le principal défaut de l'observation est qu'elle ne peut être reproduite. Accidentelle, elle se présente à l'improviste dans des conditions et pour des raisons indéterminées.

Voici quelques cas rapportés par Charles Richet dans *Notre sixième sens*[2].

Mme Titus

« Une jeune fille, Berthe, disparaît le 31 octobre 1898 à Enfield (New Hampshire). On la recherche activement. Plus de cent personnes explorent les bois et les rives du lac. Quand on l'a vue pour la dernière fois elle se dirigeait vers le pont Shaker. Personne ne l'a aperçue au-delà. Un scaphandrier a fait des explorations dans les eaux particulièrement troubles qui avoisinent le pont enjambant la rivière qui se jette dans le lac. Il n'a rien trouvé. Dans la nuit du 2 au 3 novembre, Mme Titus, de Lebanonville, à huit kilomètres d'Enfield, rêve qu'elle voit le corps de Berthe à un endroit précis sous le pont. Le lendemain matin elle se rend au pont Shaker et indique avec précision au scaphandrier, qui poursuit encore ses investigations, l'endroit où doit se trouver le corps de Berthe : “Elle est la tête en bas, ajoute-t-elle, et vous n'apercevrez que l'une des bottes en caoutchouc qu'elle portait aux pieds.” Le scaphandrier plonge à nouveau et, suivant les indications de Mme Titus, trouve le corps dissimulé par les hautes herbes

2. *Op. cit.*

sous sept mètres d'eau. "Je fus impressionné, rapporta le scaphandrier, non point que les cadavres dans l'eau me fassent peur, mais par cette femme qui était là sur le pont. Comment cette femme pouvait-elle, à huit kilomètres de distance, dire où était caché le corps ? Il était retenu par les herbes, au fond d'un trou profond, la tête en bas. Il faisait si sombre qu'on ne pouvait presque rien voir." »

Nous pouvons appeler ce rêve cryptesthésique, c'est-à-dire véridique, puisqu'une réalité, à savoir la présence du corps de Berthe en un endroit déterminé, a été connue par Mme Titus sans excitations sensorielles normales.

Le chemin creux

« Pendant la guerre, à la fin de 1916, je [Charles Richet] fis passer une note dans le *Bulletin des armées* pour demander aux combattants, officiers et soldats, s'ils n'avaient pas quelque phénomène métapsychique à me communiquer. Voici ce que m'écrivit le capitaine V, du 13e bataillon des chasseurs alpins. Le récit est trop intéressant pour que nous ne donnions pas (sans y rien changer) la lettre qui nous fut écrite par le capitaine V le 14 janvier 1917 :

"Le 3 septembre 1916, lors de l'attaque du chemin creux en Maulpas, le sous-lieutenant D fut atteint par une balle aux deux bras et quitta la ligne pour aller se faire panser. Le soir, et sans raison, il manquait à l'appel. Il en fut ainsi pendant quinze jours. On le chercha, en vain, dans toutes les ambulances : il fut porté disparu.

Le 18 septembre 1916, le 13e bataillon revint dans le même secteur où la ligne avait été portée environ à trois kilomètres en avant. Dans la nuit du 18 au 19, un ami intime de D., le sous-lieutenant S., voit en rêve, dans un trou d'obus, au bord du chemin creux, au pied d'un saule, D. agonisant qui lui reproche violemment de laisser mourir sans secours son meilleur ami.

S., officier le plus froid du monde, calme, sceptique, était cependant obsédé par son rêve. Il alla trouver le commandant qui ne le prit pas au sérieux d'abord, puis, par complaisance et pour en finir, accorda une courte permission à S. pour faire une enquête au chemin creux. S. y arrive et retrouve le cadre de son rêve. Au pied d'un saule une baguette avec cette étiquette : "Ici, deux soldats français." Rien ne pouvait faire soupçonner la présence en cet endroit des restes de D. ; pourtant, on découvrit que c'était bien D. qui avait été inhumé là depuis quinze jours environ.

Cet étrange fait pourra être attesté par les officiers du 13e bataillon de chasseurs." »

Une prémonition personnelle du professeur Richet

« J'étais chez moi dans la bibliothèque un soir de 1899. Ma femme était ce soir-là à l'opéra avec ma fille. Soudain, vers 22 h 30, je me suis imaginé, pour la première fois de ma vie et sans qu'il y eût la moindre odeur de fumée dans ma chambre, qu'il y avait un incendie à l'opéra. Ma conviction fut assez forte pour que j'écrivisse sur un bout de papier : feu ! feu ! Quelques minutes après, je me figurai que ce n'était pas assez et j'écrivis : attention ! Puis je me remis, sans aucune inquiétude d'ailleurs, à mon travail. Vers minuit, dès que ma femme et ma fille rentrèrent, tout de suite je leur demandai s'il y avait eu un incendie. Elles furent extrêmement surprises. "Non, me répondit ma femme, il n'y a pas eu d'incendie, mais une menace d'incendie. Même nous avons eu très peur. À un moment, dans un entracte, il y a eu une rumeur ; je suis sortie précipitamment de la loge pour savoir ce qu'il en était et j'ai dit à notre fille : 'Pars tout de suite si je te touche l'épaule, sans prendre ton manteau et sans rien attendre.' Dans les couloirs on m'a rassurée et la représentation a continué sans encombre."

Mais ce n'est pas le seul élément singulier de cette cryptesthésie. Au moment où j'écrivais sur un papier feu ! feu !, ma sœur, Mme Charles Buloz, dont l'appartement, au même étage, n'est séparé du mien que par une porte, s'imaginait qu'il y avait le feu chez moi. Elle va jusqu'à la porte qui unit les deux appartements et, au moment de l'ouvrir, comprenant que sa crainte est chimérique, elle s'arrête en disant : "Non, je ne vais pas, pour cette sottise, déranger mon frère."

Ainsi, au même moment, ma sœur et moi avons eu une impression d'incendie. C'est l'expression la plus exacte que je trouve pour traduire la notion très vague que ma sœur et moi nous avons ressentie simultanément, alors qu'à un kilomètre de là il y avait, à l'opéra, où se trouvaient ma femme et ma fille, une vraie menace d'incendie. »

Autre prémonition du professeur Richet

« Vers huit heures du matin en 1907, j'étais assez profondément endormi. Je rêvais que j'étais avec Mme Charcot (pourquoi Mme Charcot que je ne connaissais absolument pas, à qui je n'avais jamais parlé, et que je n'avais même jamais vue ?). Nous étions ensemble en automobile dans une avenue bordée de platanes. C'était Mme Charcot qui conduisait, mais l'auto allait tellement vite que j'avais peur d'un accident. L'accident arrive et me réveille. L'accident était tout simplement le facteur qui m'apportait une lettre chargée. Et, tout de suite en prenant cette lettre – je ne sais vraiment à quoi attribuer cette impression –, je me suis imaginé qu'il y avait quelque relation entre mon rêve et la lettre chargée qui m'arrivait (et cela est bien singulier). J'en étais tellement persuadé que, pour le marquer par un signe matériel, je fis une petite croix (témoignage commémoratif qu'on pourrait retrouver sans doute encore sur le registre postal des signatures). C'est, je crois bien, la seule fois que j'ai fait un signe sur le registre postal des signatures. Or la lettre venait des îles Açores. Elle était de mon ami le colonel Chaves qui me demandait un mot de recommandation pour le fils du professeur Charcot et de Mme Charcot, Jean Charcot, qu'alors je ne connaissais aucunement, lequel devait d'ici à quelques semaines arriver aux îles Açores avec son yacht le *Pourquoi Pas.* »

Conclusion

Si nous réunissons ces quelques observations aux monitions véridiques de mort dont nous pourrions témoigner, nous pouvons constater que dans aucun de ces cas il ne peut y avoir eu fraude ou illusion.

Mais l'hypothèse d'une coïncidence fortuite, encore qu'elle soit peu vraisemblable, pourrait à la rigueur être admise.

Expériences du professeur Richet avec Mariette

Charles Richet est à cette époque externe en médecine à l'Hôtel-Dieu. Sa curiosité est attirée par les expériences hypnotiques du professeur Charcot. Il s'essaie à endormir les malades et parfois y réussit. Une de ses clientes avec laquelle il réussit bien est une jeune fille de dix-neuf ans, Mariette, qu'un jour il décide de montrer à un étudiant américain de passage à l'Hôtel-Dieu. Il endort donc la jeune fille sous les yeux du jeune Américain qui, naturellement, voyait Mariette pour la première fois. Quand elle est endormie, l'idée lui vient soudain de s'enquérir de quelque don de double vue que posséderait peut-être la demoiselle. Il lui demande : « Connaissez-vous le nom de mon ami ? » En riant elle répond : « Comment pourrais-je le savoir ? », « Si vous ne connaissez pas ce nom, peut-être pourriez-vous essayer de le lire ? » Alors visiblement Mariette fait des efforts, ses yeux se plissent et l'on voit que vraiment elle essaie de répondre. Au bout d'une demi-minute elle dit : « Il y a cinq lettres dans ce nom. La première est un H. » Un instant plus tard, elle ajoute : « Ensuite il y a un E. Je ne vois pas la troisième. La quatrième lettre est un R et la dernière est un N. » Le nom du jeune étudiant américain était HEARN. Au-delà de la discutabilité de ce souvenir une question connexe se pose : pourquoi Mariette n'a-t-elle pas pu lire la lettre du milieu ?

Expériences du professeur Richet avec Alice

Plus tard, quand il s'intéressera aux problèmes métapsychiques, selon la qualité des sujets rencontrés Richet se livrera à d'autres expériences. Un sujet d'exception sera Alice, qui possédait la propriété de pouvoir reproduire avec une bonne exactitude des dessins qui lui étaient cachés.

Richet poussera l'honnêteté, ou la perspicacité, jusqu'à lui proposer des dessins choisis au hasard parmi d'autres et exécutés par des gens extérieurs au service. Cela impliquait que lesdits dessins ne fussent pas plus connus de Richet lui-même que de la jeune fille à qui il proposait de les reproduire. Afin, dit-il, qu'il ne puisse y avoir télépathie. L'expérience consistait alors à faire reproduire à un témoin de hasard le dessin que voyait Alice et dont elle faisait une description. Aux erreurs de langage près les dessins présentaient sinon une similitude, du moins une analogie confondante.

L'expérience que voici date de 1887. Parce que d'un résultat inattendu, elle est surprenante.

Le professeur Richet et le docteur Héricourt sont dans le bureau de ce dernier.

« Voulez-vous me faire un petit dessin pas trop difficile à reproduire ? » demande le professeur. « Mais prenez soin, ajoute-t-il, que je ne l'aperçoive pas. »

Le regard d'Héricourt distraitement fait le tour de la pièce, passe sur son bureau. Il saisit alors une demi-feuille de papier, trace quelques lignes, plie la feuille et l'enferme dans une enveloppe qu'il tend à Richet.

Voilà ce qu'avait dessiné le docteur Héricourt.

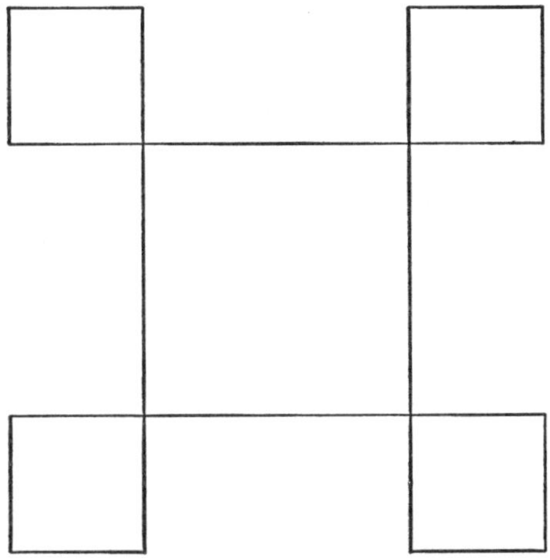

Puis on fait entrer Alice, et le professeur lui tend l'enveloppe.

Lorsque ce dernier interroge la jeune fille, il ignore tout du dessin. Voici les mots qu'Alice utilise pour décrire le dessin :

« Il y a plusieurs couleurs, c'est un rond plié en deux, un portrait dans le rond, un médaillon, un cadre ; avec un ovale ; dans le cadre une tête d'homme, dans l'ovale. Il n'a pas le cou habillé comme d'habitude mais des soutaches transversales sur le devant. C'est un col montant et cela ferme. Il y a six ou sept soutaches transversales, il n'a pas la tête nue mais un képi. Ce képi a trois galons circulaires. Aux manches il a quatre galons, ou plutôt trois, qui sont au bas de la manche circulaire ; sur le devant, dix boutons. C'est la figure de quelqu'un qui est maigre, peut-être assis, mais je ne vois pas bien ce qui n'est pas la tête, ni le buste. Je le connais mais je ne peux pas dire qui c'est. »

Quel rapport pouvait-il y avoir entre le dessin et cette description d'une imagination délirante ?

Le rapport était simple. Le petit dessin exécuté par Héricourt reproduisait le passe-partout doré sur fond de bois vernis d'un petit cadre posé sur son bureau. Lequel cadre enfermait une photo en uniforme du médecin-major Héricourt posant debout, pendant la guerre. Héricourt avait donc dessiné le motif décorant ce cadre et Alice avait vu plutôt que le dessin ce qu'il y avait à l'intérieur du cadre.

C'est à la suite de telles expériences que Richet dira : « Comment expliquer cela ? Sinon par le fait d'un sixième sens, quand bien même vous l'appelleriez, à mauvais escient, télépathie. »

Ces expérimentations seront effectuées avec d'autres sujets et dans la plupart des cas sans succès. Une voyante professionnelle du nom d'Eugénie s'y soumettra avec une réussite probante mais loin d'égaler celle d'Alice.

Expériences du professeur Richet avec M. S. Ossovietski

On aura certainement remarqué que dans toutes les expériences de Richet, les sujets sont féminins. Les femmes auraient-elles l'apanage du sixième sens ? Si tant est que les expériences rapportées suffisent à nous convaincre de sa réalité ?

Non ! Toujours en compagnie du professeur Richet, que nous allons suivre encore plus loin, nous allons vous proposer le cas d'un sujet masculin d'une qualité exceptionnelle. Il s'agit de M. S. Ossovietski.

S. Ossovietski est un ingénieur polonais d'une trentaine d'années. Il parle bien le français. Il n'est pas médium professionnel et se soumet à l'expérimentation sans en tirer plaisir ou vanité, semble-t-il. Ces séances, longues et fastidieuses, sont pour lui éprouvantes. Elles se feront à Varsovie, où il réside, en deux occasions, à l'instigation du professeur Richet descendu à l'*Hôtel de l'Europe*.

Lorsque, en 1923 et pour la seconde fois, le professeur Richet se rend à Varsovie, Mme la comtesse Anna de Noailles, qui s'intéresse passionnément aux arts spirites, lui a remis trois enveloppes dont, bien entendu, il ignore le contenu. Quand il rencontre M. Ossovietski il lui tend l'une de ces trois enveloppes et lui propose d'essayer de deviner ce qu'il peut y avoir d'écrit à l'intérieur. Ce dernier prend l'enveloppe dans sa main, la malaxe longtemps et avec fermeté. Voici ce qu'il dit au bout de trois quarts d'heure de concentration :

« Il n'y a rien qui me concerne dans cette lettre. C'est quelque chose d'un grand poète français. Je dirais Rostand ; quelque chose de Chantecler et quand elle parle de Chantecler, elle écrit quelque chose que dit le coq. Il y a une idée de lumière pendant la nuit, une grande lumière et surtout Rostand avec la belle poésie de Chantecler... »

Pendant une demi-heure Ossovietski se concentre encore, toujours froissant l'enveloppe dans ses mains. Enfin il continue : « Les idées de nuit et de lumière sont avant le nom de Rostand. Puis il y a encore deux lignes, c'est-à-dire un mot avec deux lignes en dessous. »

Voici le message, rédigé de la main de Mme de Noailles, que contenait l'enveloppe :

C'est la nuit qu'il est beau
de croire à la lumière.
Edmond Rostand
Vers qui se trouve dans
Chantecler et prononcé
par le coq.

C'est sans enthousiasme que l'ingénieur Ossovietski se livre à ces expériences qui l'ennuient, lui prennent du temps et le fatiguent. Il accepte toutefois d'en faire une dernière, après que plusieurs ont plus ou moins réussi, à la condition que le professeur Richet lui fasse don d'un autographe de son illustre amie, Mme Sarah Bernhardt. Un télégramme est alors envoyé à la chère grande actrice qui répond aussitôt par une lettre que l'on n'ouvre ni ne décachette.

L'exercice sera difficile et nécessitera deux heures de concentration pour l'ingénieur.

La vie, la vie, la vie... Quatre ou cinq lignes et, au-dessous, la signature de Sarah Bernhardt, une signature montante.

Ossovietski finalement se réunit sur la formulation suivante : « La vie semble humble parce qu'il y a seulement de la haine. Il y a là un mot tellement français que je ne puis le dire. Il a huit lettres et est suivi d'un point d'exclamation. »

Le message que contenait la lettre était le suivant :

La vie
nous semble belle
parce que nous la savons éphémère !

Sarah Bernhardt

Le livre du professeur Charles Richet, de longue anthologie plus que de réflexion, raconte, décrit, des dizaines de cas avec la plus grande honnêteté. On ne saurait le blâmer de croire à ses conclusions, ni même de nous avoir convaincu. Au-delà de tout cet échantillonnage, il semble certain que des phénomènes inexplicables de divination, de voyance, de médiumnité existent, que l'on veuille faire ressortir cela au sixième sens ou à autre chose.

Laissons-lui la conclusion de son propre ouvrage :

« ... Si j'osais me fonder sur ce que j'ai dénombré de cas de cryptesthésie dans ma propre famille, cela serait déjà suffisant pour se poser des questions par-delà même une rareté que l'on peut considérer comme normale. Sept cas plus ou moins nets, sur une famille de dix-huit personnes en l'espace de leur vie.

Je reconnais volontiers que si, par moi, ces phénomènes de cryptesthésie ont été constatés c'est parce que je les ai cherchés avec une tenace obstination pendant une cinquantaine d'années. Si chacun de nous faisait la même chose, nous arriverions à un nombre de constatation exceptionnellement nombreux et divers. Qu'un cas de cryptesthésie se manifeste une fois dans une vie, voilà qui est habituel, sinon commun. En revanche, ce qui est rare, rarissime, c'est la cryptesthésie accessible à l'expérimentation, ainsi qu'il en fut pour Ossovietski par exemple. Et, ce qui est probablement plus étonnant encore, c'est la rareté de ce genre de personnage. Voudrait-on les compter on n'en trouverait peut-être pas cent.

LA CONCENTRATION

C'est une attitude de mobilisation de l'esprit qui permet de se focaliser sur un sujet avec la volonté d'en appréhender aspects et dimensions.

La conséquence immédiate de cet état de fait est la capacité à ne pas se laisser distraire par des pensées parasites lorsque l'on s'efforce de penser à un problème précis. Il y a donc, dans la notion de concentration, deux critères différents mais indispensables.

1. La capacité intellectuelle à faire fonctionner son esprit dans le but de résoudre un problème donné. On pourrait appeler cela la concentration active.

2. La capacité de l'esprit à ne pas se laisser distraire par les sollicitations extérieures. Il s'agit plutôt là d'une concentration passive. Un résumé simpliste mais plein de bon sens pourrait être : la capacité de penser à une seule chose à la fois.

Mais alors une question se pose : peut-on améliorer ce don ? Au terme d'un demi-siècle d'expérimentation il semble que la réponse soit négative car ce qui caractérise l'expression de cette qualité est la spontanéité et l'absence d'effort. Dès que le sujet essaie de faire mieux afin de plaire à l'expérimentateur ou tout simplement par autosatisfaction, les résultats décroissent. »

Hypothèse d'une vibration de la réalité

Nous avons vu au début de ce chapitre que, parmi toutes les vibrations qui nous entourent, certaines sont perçues par nos sens, d'autres ne le sont pas et ne peuvent l'être que par des machines. Une hypothèse nécessaire alors s'impose à une imagination réelle, c'est qu'il y a une troisième et obligatoire catégorie de vibrations, celles que nous ne percevons ni par nos sens ni par nos machines. Il ne serait pas stupide d'avancer que cette troisième catégorie est infiniment plus riche que les deux autres réunies. Certes, cette troisième catégorie est hypothétique mais il est obligatoire qu'il en soit ainsi parce qu'il ne peut en être autrement. N'en prenons pour commencement de conviction que le simple fait que les rayons ultraviolets existaient avant que nous les découvrions.

Le sixième sens ne serait-il pas alors celui par lequel nous percevons en de rares instants ces vibrations inconnues que nous devons de toute évidence admettre ?

Les recherches sur le sixième sens ont-elles un avenir ?

Dès lors que l'on a admis l'existence du phénomène, le moindre des devoirs est de se livrer à des recherches. Mais dans quelle direction ? Sciences de l'esprit ou sciences de la matière ? Voilà bien le premier problème. Cela relève-t-il de la psychanalyse ou de la physique des particules ? Quel esprit, dans notre société si spécialisée, serait assez éclectique pour se trouver à l'aise dans deux champs d'expérimentation aussi différents ?

Un autre obstacle est de taille en ce que la conviction n'est pas générale et ne concerne que quelques-uns. Dès lors, aussi peu nombreux que nous soyons à être convaincus, il reste à convaincre les autres, les sceptiques, les critiques. En attendant, si le sixième sens n'existe pas, il n'est nulle raison alors de s'en soucier. Mais au regard des réponses que m'ont apportées mes interlocuteurs, il y a, c'est certain, de multiples raisons de s'y arrêter, d'y réfléchir, de comprendre les concepts « cachés » derrière cette dénomination.

Parapsychologie et psychanalyse

Le problème le plus grave qui guette en permanence la parapsychologie est que ses prosélytes, dans le désir d'être crus, reconnus, améliorent parfois des résultats non signifiants.

La parapsychologie, comme son nom le laisse supposer, est une psychologie parallèle. Son but est de découvrir, puis de quantifier des qualités psychiques que certains individus détiendraient lors même que d'autres en seraient démunis. Pour les instances en place, celles-là qui ont établi leurs positions de haute lutte et, somme toute, récemment – analystes, psychanalystes, psychologues, sociologues, etc. –, tout cela n'est que billevesées méprisables. Il convient d'ajouter que les psychanalystes, méprisants aujourd'hui, sont ceux-là mêmes qui étaient méprisés il y a un siècle.

Le sixième sens et l'histoire

Le champ d'action de la parapsychologie est double.

1. Étude des phénomènes psychologiques fondés sur la subjectivité, autrement dit : les phénomènes issus de la perception extrasensorielle. Ce sont :

a) la télépathie : communication d'un psychisme à un autre ;

b) la clairvoyance : qualité à connaître l'invisible ;
c) la précognition : connaissance d'événements futurs ;
d) la rétrocognition : connaissance d'événements passés.

Toutes ces connaissances étant acquises par des moyens d'information autres que les sens ordinaires.

2. Étude des phénomènes psychokinésiques (ou télékinésiques). Il s'agit dans ce cas de l'action directe du psychique sur le physique. Pour l'essentiel il s'agit des modifications de la matière – déplacements d'objets –, mais aussi des apparitions, des bruits, enfin de toutes choses que l'on ne peut expliquer scientifiquement.

L'ensemble de ces phénomènes a fait l'objet d'études approfondies de la part du professeur Charles Richet qui, au début du siècle, les faisait ressortir de la « métapsychique ».

Au cours du XVIIIe siècle trois hommes vont faire parler d'eux : l'exorciste Gassner, qui libérait les âmes du Malin par des passes magnétiques, puis le fameux Mesmer qui libérait les individus de la maladie par le magnétisme animal et son fameux baquet où les femmes se baignaient nues et en groupes. C'est dans ce baquet d'ailleurs que se noiera son succès lorsque des jaloux l'accuseront de pratiques licencieuses. Enfin, le marquis de Puységur découvrit le sommeil artificiel qui permettait au sujet endormi, non seulement de soigner sa propre maladie, mais encore de diagnostiquer et soigner celles des autres.

Mesmer parla d'un sens interne qu'il nomma le sixième sens. Puységur en amplifia les qualités, prétendant qu'il permettait de voir à distance, prédire l'avenir, percevoir des choses incompréhensibles pour les autres.

L'école germanique, très attirée par ce nouvel aspect des sciences de l'esprit, établira à l'endroit du magnétisme la progression suivante :

– la veille consciente ;
– le demi-sommeil ;

– le sommeil magnétique, profond et insensible ;
– l'illumination intérieure ;
– le détachement menant à la contemplation de soi ;
– la clarté universelle dans laquelle sont abolis le temps, l'espace et la matière. La capacité de s'élever jusqu'à cette sixième étape sera plus ou moins considérée comme la preuve de la possession du sixième sens.

LES FACULTÉS PARANORMALES

La clairvoyance

Il s'agit de la vision, indépendante de l'usage des cinq sens, d'objets, de faits ou de personnes éloignés dans l'espace de l'opérateur, ou bien cachés par des corps opaques : murs, boîtes, enveloppes, etc.

[...] Ce phénomène se produit dans des conditions variées : à l'état de veille, pendant le sommeil ordinaire, sous hypnose ou bien en phase de transe soit spontanée, soit induite à titre expérimental par l'emploi de différentes techniques de soutien.

En fixant par exemple des billes de verre, des miroirs, un feu, des fumées, etc., on peut susciter un léger état de transe favorable à la manifestation de la clairvoyance.

Les cartes, le pendule, la baguette du sourcier, le marc de café, etc. constituent les instruments spécifiques des mantiques qui aident à canaliser les sensations et à les véhiculer sur le plan logique.

La précognition

Synonyme de prophétie, de pressentiment et de prémonition, ce terme désigne un type de perception extrasensorielle d'événements futurs.

Parmi les plus grands noms de la précognition, il convient de citer le moine français Nostradamus, né à Saint-Rémy-de-Provence en 1503. Auteur des célèbres Centuries, dont bon nombre de savants cherchent encore à percer le sens exact, il était également médecin, alchimiste et astrologue.

[...] La précognition peut être **spontanée** *ou* **provoquée***, et se manifeste généralement :*

a) pendant le sommeil ordinaire ;

b) sous hypnose ;

c) dans des états de transe, quel qu'en soit le niveau.

La rétrocognition

La rétrocognition équivaut à la perception d'événements passés et constitue par conséquent l'inverse de la précognition, mais relève, comme cette dernière, du domaine de la clairvoyance.

Il s'agit d'une technique très efficace, surtout quand on désire réunir des informations historiques sur des faits qui se sont déroulés à une époque antérieure.

Le sensitif visualise alors une personne et parvient à raconter certains épisodes de son existence en serrant simplement entre ses mains un objet qui lui a appartenu. »

(L. Paves, *Cours pratique de spiritisme,* Éditions De Vecchi.)

En la matière, les grands chevaux de bataille du siècle à venir, le XIXe, seront le magnétisme et l'hypnose, tout cela parallèlement à un courant de spiritisme puissant et nouveau qui éclaboussera tout autour de lui.

Dans le cadre de notre recherche sur le sixième sens, une

dernière question se pose maintenant à nous : existe-t-il une passerelle sensée, fonctionnelle, qui relierait l'incertaine parapsychologie à la mouvance psychanalytique ?

L'homme et la voiture

LE CAS

Hakim, un homme élégant, frappe un jour à la porte d'un psychanalyste.

Les premiers contacts ne sont pas simples car, s'il aime parler de lui, il préfère se cantonner dans le versant soleil de sa personnalité et laisser l'autre côté dans l'ombre.

Hakim est un bel homme entre quarante et quarante-cinq ans, plutôt grand, très brun, à l'œil noir. Il affiche volontiers les allures simples mais autoritaires d'un séducteur confirmé. Il déclare travailler dans une ambassade. Qu'y fait-il ? Jamais il ne s'étendra sur ce sujet. Il est marié et père de trois enfants. Sa femme, Carima, a presque le même âge que lui et est originaire de la même région. « Ce mariage fut un arrangement parental », répète-t-il avec une sorte de mélancolie.

Il semble qu'il n'ait qu'une passion dans la vie. Il l'avoue d'ailleurs avec cette sorte de suffisance que les faibles s'accordent quand ils se croient assez forts pour se pardonner leurs petites faiblesses : « Je suis fou de voitures. »

Il roule en ce moment dans une BMW. C'est la troisième car il en change tous les ans. Elle est plus puissante que la deuxième qui l'était plus que la première.

Hakim est né pauvre, au bord du désert, parmi de nombreux frères et sœurs, et son destin n'aurait jamais dû être celui qui est devenu le sien. Malingre en ce temps-là, il est peu aimé par sa mère. La fortune de son père est récente, si tant est que l'on puisse appeler fortune les vicissitudes d'une guérilla de frontières qui ont conduit un lieutenant à une position politique soudaine et enviée.

Par le fait de cette élévation paternelle rapide dans la hiérarchie sociale, Hakim s'est trouvé marié à la fille d'un gros propriétaire de la région. « Elle est plus lourde que moi », laissera-t-il échapper sans l'avoir voulu.

Séance après séance les détails de son désarroi se précisent et l'emballage illusoire, sous lequel il se protège, peu à peu craque.

Sa position sociale, il la doit à son père. Son aisance financière il la doit à son beau-père, mais ses enfants, c'est à lui qu'il les doit. Il ne les aime pas plus qu'il n'a été aimé.

Il possède, à ce qu'il dit, un bel appartement à Neuilly, que sa femme a transformé, en dépit de ses goûts à lui, en une annexe des *Mille et Une Nuits*.

On sent dans les paroles de Hakim qu'il ne supporte plus sa femme, qu'il ne supporte plus ses enfants, qu'il ne supporte plus ce qu'il est. S'étonnera-t-on alors de ce qu'il ait reporté toute sa libido sur son automobile ?

En l'occurrence, que représente sa BMW ? Elle représente un symbole de puissance et de féminité. Cette voiture, non point belle en soi mais socialement représentative, exprime pour lui le fait de posséder à la fois la puissance, sexuelle, et la beauté, sociale. Lorsqu'il referme sur lui, seul, la portière de sa voiture, c'est lui qui est la BMW, c'est elle (lui) que l'on envie, c'est elle (lui) que l'on voudrait aimer. En outre, quand il est seul dans son auto, Hakim, qui devient celle-ci, devient un peu femme. À ce stade de la compréhension, le transfert de sa libido sur une puissante voiture est caricatural.

Pour trouver un dérivatif à cette pulsion de mort qui l'anime à l'endroit de sa femme, opposée à cette pulsion d'amour à l'endroit de sa voiture, Hakim séduit. Du moins le laisse-t-il entendre. Est-ce aussi vrai que cela ?

Au bout de plusieurs séances un bilan provisoire est facile à établir :

– Hakim éprouve un complexe profond du fait de son origine ;

– il est malheureux de ce que sa femme ne soit ni jeune, ni jolie, ni mince, ni blonde... ni une BMW ;

– il ne supporte pas d'être dans l'impossibilité financière de l'abandonner ;

– il compense cette aliénation matérielle par le fait de posséder une grosse voiture.

Hakim était en quelque sorte assiégé, de plus en plus assiégé et, plus il essayait de se débattre plus il se rendait compte de la solidité des barrières qui l'entouraient. Plus il se révoltait contre cet enfermement plus ces barrières lui paraissaient infranchissables. Il ne possédait pas ce courage qui déplace les montagnes. Alors il partait, l'après-midi, avec sa voiture sur l'autoroute pendant deux ou trois heures. Il roulait comme un fou puis s'arrêtait, l'automobile négligemment en vue devant la porte d'une cafétéria, et repartait en laissant un gros pourboire à une serveuse blond platine. Au terme de ces randonnées, jamais il ne manquait de faire briquer sa voiture, d'en faire le tour pour l'admirer, car même une trace de doigt lui faisait horreur.

Hakim se tapait la tête contre les murs et basculait dans le déséquilibre.

Un jour il arriva chez son psychanalyste dans un état de dépression avancée : « Quand j'ai repris ma voiture pour venir ici, l'aile arrière gauche était cabossée. Comme si on avait tapé dessus à coups de marteau. C'est incroyable ce que les gens sont malhonnêtes. »

Faisant un louable effort pour changer de sujet, il ajouta :

« Nous avons eu cette semaine une réception à l'ambassade du Danemark.

– Vous y êtes allé avec votre voiture ?

– Oui... évidemment !

– Ce fut une réception agréable ?

– Comme d'habitude, ni plus ni moins. De belles femmes de tous les âges, de bons mets. En général, dans ces sortes de cocktails, ce sont les serveuses qui sont les plus avenantes. »

Trois semaines plus tard il raconta que les chromes de sa voiture, qui n'avait pas même six mois, se piquaient comme s'ils avaient été aspergés d'acide chlorhydrique. Il était immédiatement allé chez le concessionnaire qui les lui avait changés sans discuter, mais un peu étonné.

Quand il revint à la séance suivante il était désorienté. Son fils de onze ans venait de faire une appendicite aiguë et il avait fallu le transporter d'urgence à l'hôpital. On n'avait pas réussi à le joindre lorsque l'événement s'était produit et sa femme avait dû se débrouiller seule pour faire face à la réalité. En outre, les chromes de sa voiture, à nouveau, se piquaient. Cette fois le concessionnaire l'avait regardé d'un drôle d'air en lui disant qu'il ne comprenait pas pourquoi et que, de toute façon, c'était la dernière fois.

Ce jour-là Hakim resta un long moment les bras sur les accoudoirs de son fauteuil, la tête baissée, les yeux dans le vague.

« Êtes-vous en train de culpabiliser parce que vous n'avez pas pris en main l'opération de votre fils ? »

Au bout d'un temps assez long il relève la tête et, sans regarder son psychanalyste, répond : « Je ne sais pas. Je ne crois pas. Chaque fois que je pense à cette opération, c'est comme si je la voyais à travers un écran qui n'est pas ma vie mais celle d'un autre. Mais aussi, toujours je me vois arrivant en voiture avec mon fils entre les bras pour le faire opérer d'urgence. C'est comme si je jouais un rôle, mon propre rôle. »

Il s'avéra, une quinzaine de jours plus tard, que le fils de Hakim était dans le coma. Il est difficile de s'expliquer pourquoi, dans ces conditions, il revint voir son psychanalyste. À peine entré il s'écria :

« On a cassé un phare de ma voiture. Mon fils va très mal.

– Qu'est-il arrivé à votre voiture ?

– Je l'ai retrouvée dans mon parking ce matin avec un phare brisé, comme si on s'était servi d'un marteau.

– D'un marteau ?

– Oui !

– Comment est le parking de votre immeuble ?

– C'est un petit parking. L'immeuble n'est pas grand, une douzaine d'appartements.

– Il y a des caves ? »

Il regarda son analyste avec attention.

« Oui, il y a des caves, au pied de l'escalier. Il doit y avoir autant de caves que d'appartements.

– Et vous avez une cave ?

– Oui, évidemment !

– Et qu'y a-t-il dans votre cave ?

– Des vieux trucs, n'importe quoi.

– Et ?

– Des outils.

– Qui vous servent à quoi ?

– Des outils qui n'ont jamais servi, tout neufs.

– Mais qui auraient pu servir à quoi ? »

Au bout d'un long, très long moment, Hakim finit par lever les yeux. Il regarde son psychanalyste puis se lève.

Debout devant le bureau il hésite encore, puis : « Des outils qui auraient pu me servir à détruire moi-même ma voiture sans même que je m'en rende compte... Bon, je vais à l'hôpital voir mon fils. »

Réflexions

Ce cas est authentique. On le trouve plusieurs fois dans les annales des psychanalystes sous des variantes dont l'armature reste l'homme et sa voiture-transfert.

L'articulation des rapports de force se fait comme toujours en forme de triangle.

A. Enfance-Construction

B. Présent-Résultat

C. Phénomène compensation

• **L'enfance-construction**

Enfant parmi neuf autres, Hakim n'a pas même eu droit à son un neuvième d'amour. Lorsqu'il est venu vivre à Paris, vers l'âge de vingt-cinq ans, il a découvert à quel point il était différent. À partir de là, il a développé un sentiment d'injustice à n'être pas né Français, ou Allemand, ou Danois, ou Anglais, en tout cas grand et blond. Hakim est d'un tempérament sanguin et immédiat. Il souffre plus qu'il ne comprend, et sans doute préfère-t-il ne pas comprendre parce qu'il sent, au fond de lui-même, que s'il comprenait il n'en deviendrait pas plus capable d'agir, et en serait donc d'autant plus malheureux que sa propre médiocrité lui apparaîtrait.

• **Le présent-résultat**

Le problème de Hakim n'est pas un état de complexe car il n'a pas eu le loisir dans son enfance de les créer et de les développer. C'est un état d'envie, qu'il transforme en état d'injustice parce que l'injustice vient des autres et que l'envie vient de soi. L'injustice, il la subit partout, ou alors il la crée lui-même. Chez lui sa femme, qui est devenue si grosse, n'est plus appétissante. Aussi, sa libido frustrée par son propre fait éprouve-t-elle le besoin de compenser ailleurs, et ce n'est pas toujours simple.

• **Le phénomène compensation**

La vie n'est jamais ce que l'on voudrait qu'elle soit. De cela tout le monde souffre plus ou moins. La lucidité est de ne pas s'illusionner sur sa propre valeur et d'accepter la réalité du monde tel qu'il est. Cela n'implique pas que la lucidité permette de moins souffrir, cela permet simplement de ne pas tomber dans le transfert pathologique inconscient qui peu à peu submerge et déséquilibre, car tout individu malheureux va chercher une compensation à son malheur. Dans cette démarche compensatoire, il y a toujours un seuil à ne pas dépasser. Au-delà de ce seuil l'objet de compensation, quelle que soit sa nature – individu ou objet –, va prendre une dimension, une importance, plus grande qu'un simple dérivatif propre à conserver un équilibre. C'est lui qui va générer une nouvelle distribution des rôles et des valeurs. Les plus faibles, alors, transforment ce qui n'était qu'un dérivatif en une raison de vivre. Ainsi en est-il de l'amoureux passionné, de l'alcoolique, du drogué, ainsi que de tout fanatique.

Dans le cas de Hakim son automobile représente cette compensation/dérivation qui lui permet de mieux vivre pendant un temps, puis qui se transforme en passion exclusive, c'est-à-dire en transfert pathologique. Pourtant, dans l'inconscient refoulé de Hakim le fait demeure que l'automobile n'est qu'une automobile, et si dans son conscient il n'a aucune difficulté à avouer sa faiblesse pour sa voiture, dans son inconscient il éprouve le besoin de la frapper, de la punir. C'est ce qu'il va faire.

• Transe ou télékinésie ?

La BMW est abîmée du fait de la volonté inconsciente de Hakim. Cette volonté inconsciente peut parvenir à s'actualiser alors que la personne n'a pas la conscience de ce qu'elle fait.

LA PERCEPTION EXTRA-SENSORIELLE, NOUVEAU CHAMP D'INVESTIGATION

« Au fil des années, la parapsychologie est peu à peu entrée dans une ère nouvelle, s'attachant à identifier, étudier, définir et classifier les phénomènes paranormaux. Deux catégories majeures furent désormais considérées :

– la perception extra-sensorielle, concernant les perceptions observées sans l'intermédiaire des organes des sens, qui regroupe notamment la télépathie, la clairvoyance, la clairaudience, la précognititon, la rétrocognition ;

– les phénomènes de psychokinèse (PK), concernant les mouvements d'objets provoqués par une force inconnue (pouvant être l'esprit de l'homme), au nombre desquels la télékinésie, la lévitation ainsi que certains effets de matérialisation et dématérialisation.

Il est fréquemment vérifié, dans bien des cas, que ces deux catégories s'interpénètrent, par le simple fait qu'elles entretiennent l'une et l'autre des rapports très étroits avec le psychisme de l'homme. À tel point que l'on en est arrivé, par souci de simplification, à parler globalement de fonction psi pour désigner ces interventions humaines très "particulières". »

(B. BAUDOUIN, *Les Phénomènes de perception,* Éditions De Vecchi.)

Nous serions donc là en présence d'un individu dans un état psychologique modifié proche de la transe, qui commettrait un acte sans en avoir conscience, qui est uniquement gouverné par la loi de son inconscient.

Une seconde explication possible nous amène à la notion de télékinésie, qui est la faculté de déplacer des objets à distance par les « forces de l'esprit ». On sait que certains adeptes du yoga sont capables, grâce à un pouvoir de concentration hors du commun, de soulever leur propre corps de quelques centimètres. De même, des personnes ayant développé leur volition jusqu'à un niveau suffisant ont acquis la faculté de vaincre les lois de la gravité et de l'inertie. Dans le cas qui nous intéresse, il semblerait que la puissance de l'inconscient est capable d'exercer une action sur un objet du réel. Une action ici incontrôlée, mais qui, pour celui qui sait en maîtriser et en dominer le processus, peut devenir un fantastique pouvoir.

Maxime et la mort

LE CAS

Maxime est un petit garçon de bientôt quatre ans et demi. Il serait fils unique dans le meilleur des mondes si une petite sœur n'était pas née un an et demi auparavant. Ce bébé, non désiré par Maxime, fut une surprise. Avant, sa mère lui accordait beaucoup de temps ; maintenant c'est à la petite sœur qu'elle consacre tout le temps qu'elle prend à Maxime. Bien sûr, il reste papa, lui n'a pas changé d'attitude, mais papa n'est pas souvent là. « Il voyage pour les pneus », dit maman.

Maman s'appelle Clémence. Avant, elle allait au travail, comme papa. Mais plus maintenant. Cela, Maxime l'a compris, c'est pour s'occuper de la petite sœur qui est une fille. À la crèche où va Maxime il y a des filles aussi. Il sait bien ce que c'est. Il n'aime pas les filles. Quand lui joue avec quelque chose, il y a toujours une fille qui veut ce avec quoi il joue. S'il refuse de le donner, la fille se met à crier. « Mais enfin Maxime, il faut savoir prêter ses jouets ! » dit Anna, celle qui les garde. Celle-là Maxime ne sait pas ce que c'est, ce n'est ni une fille ni un garçon, ni un parent. Quand Maxime prend le jouet d'une fille qui ne veut pas le lui prêter, la fille se met à hurler, alors Anna arrive et gronde Maxime : « Mais enfin Maxime, il ne faut pas arracher les jouets des mains des filles ! » Alors il monte sur une chaise et regarde par la fenêtre. Il sait bien qu'Anna voudrait lui dire de descendre, mais elle n'ose plus lui faire d'autres réprimandes. La dernière fois qu'il a fait cela, la directrice, quel drôle de nom, est entrée. Quand elle a vu Maxime sur la chaise elle s'est emportée : « Mais enfin Maxime, veux-tu bien descendre s'il te plaît, tu pourrais tomber ! » Et puis elle s'est tournée vers Anna : « Ne le laissez plus monter sur cette chaise, Anna, vous rendez-vous compte ? s'il tombait il pourrait se casser quelque chose ! » La directrice parlait à Anna comme Anna lui parlait à lui.

Anna ressemblerait plutôt à Clémence et la directrice à sa grand-mère. Grand-mère est morte la semaine dernière, ou l'année dernière, en tout cas il y a longtemps. Maxime s'en souvient bien de sa grand-mère. Elle a été emportée par un cancer. Un cancer, ce doit être comme la directrice. Les gens ont dit qu'elle était morte.

« Qu'est-ce que cela veut dire, morte, maman ? »

Maxime a des idées sur la question mais elles sont imprécises. S'il questionne sa mère, c'est à la fois par désir de savoir et par provocation.

Clémence se redresse, et regarde Maxime : « Morte... c'est quelqu'un qui est parti pour toujours et que l'on ne reverra plus jamais. »

Ce soir, comme d'habitude, sa mère est venue le chercher. Elle conduisait la poussette dans laquelle il y avait le bébé, enfin la petite sœur. Au retour, il y avait avec eux Jérémie et la maman de Jérémie ; elle est venue boire une tasse de thé avec Clémence. Elle a acheté des pains aux raisins et au chocolat en passant devant la boulangerie. Quand la maman de Jérémie lui a demandé ce qu'il voulait, il a failli répondre qu'il ne voulait rien. Heureusement il s'est repris. Après il aurait trop regretté. Un jour, c'est papa qui le lui a raconté, Maxime aurait dit : « Tu sais papa, je sais ce que je veux dire, mais j'ai pas les mots. » Dans le cas présent, si Maxime avait dû exprimer sa pensée, il aurait dit : « Je regrette que j'aurais regretté ». Maintenant, les mots il les connaît, enfin, plusieurs. Bien sûr, cela n'est pas très clair, mais Maxime se comprend, lui.

Pour l'instant Jérémie, qui a engouffré son pain au chocolat en trois bouchées, joue avec des cubes. Maxime mange tranquillement.

Maman donne le biberon au bébé. Maxime se rappelle quand il avait lui aussi des biberons. Il regrette ce temps-là. Il n'ose pas dire à sa mère que de temps en temps il voudrait bien un biberon.

« Quatre », dit-il.

Sa mère se retourne vers lui.

« Quatre quoi, Maxime ?

– Nous sommes quatre. »

Les deux femmes sont un instant stupéfaites.

« – Non, pas quatre, cinq, lui explique la maman de Jérémie.

– Non, pas cinq, quatre. Le bébé ne compte pas.

– Alors, comme cela, tu sais compter, Maxime ? demande Clémence.

– Oui, je sais compter, surtout les pneus, papa m'a montré.

– Sans doute aussi sais-tu lire ?

– Oui, je sais lire. »

Clémence se lève et va quérir dans la bibliothèque un livre qu'elle lui tend :

« Vas-y Maxime, lis-moi quelque chose. »

Alors Maxime ouvre le livre au milieu et commence à lire en suivant les lignes avec son doigt. « Au milieu de la forêt il y avait une fois un papa et une maman très pauvres qui avaient un seul enfant... »

Les deux femmes éclatent de rire.

« Bravo, Maxime ! », fait la maman de Jérémie.

Il a l'impression fugitive qu'on le prend pour un idiot.

Pendant qu'il joue aux cubes avec Jérémie, il entend Clémence comme en fond sonore. Elle dit :

« L'accouchement est prévu pour début août. Mais je ne sais pas pourquoi, j'ai horriblement peur de faire une fausse-couche. Dans tous les cas, je me demande ce que nous ferons de Maxime, maintenant que ma mère n'est plus là.

– En août tu seras morte », annonce tranquillement Maxime sans lever les yeux de ses cubes.

Les deux femmes, bouche ouverte, se tournent vers lui et, finalement, ne disent rien.

Fin juin, Clémence fit une fausse-couche, puis une péritonite aiguë. Au terme de douze jours d'hôpital elle mourut de septicémie.

Maxime cessa brutalement de parler, refusa presque de manger, fit des cauchemars. Son autre grand-mère, une femme de trop de caractère qui ne s'entendait pas avec son fils, décida de venir s'installer à la maison. Elle lui racontait des histoires, ne lui posant jamais de questions, et faisait semblant de ne pas s'apercevoir que Maxime, au contact de sa petite sœur, parfois donnait des signes d'hystérie.

Elle décida de le conduire chez un psychanalyste.

Réflexions

La difficulté de cette affaire n'est pas dans l'analyse mais dans la conclusion. Jusqu'à l'âge de trois ans environ, Maxime a vécu à peu près seul avec sa mère parce qu'il n'avait pas encore de petite sœur et parce que son père, sans doute représentant, voyage beaucoup. Entre ces deux personnages les liens se sont approfondis et renforcés. Au bout d'un an de la présence de la petite pilleuse de nid, le constat de Maxime est clair : « Le bébé m'a pris ma mère. » En toute logique, on se serait attendu à ce que la vindicte de Maxime se dirigeât vers l'enfant sous forme d'agressions physiques, mais non, et cela montre la lucidité de Maxime qui a décidé, plus ou moins inconsciemment, que le bébé n'était pas coupable, en tout cas pas responsable. Ce cas est donc presque le contraire du précédent, qui implique que ce petit garçon a déjà conscience de sa responsabilité. Cela n'est pas inhabituel chez un enfant intelligent. En revanche, si Maxime accepte de prendre les responsabilités du bébé il n'accepte pas de prendre celles de sa mère. Résultat : il lui en veut de son incapacité à gérer un problème qu'elle lui fait endosser cependant que lui assume et sa responsabilité et celle de la petite sœur. Conclusion : sa mère, inutile, est de trop.

Dès lors le concept d'inutilité pernicieuse de sa mère s'associe avec la notion de mort, comme celle de la grand-mère. Il souhaite la mort de sa mère ou du moins, quelque chose de punissant situé dans son conscient quelque part entre le concret et l'abstrait. Ainsi, jour après jour, s'est installé dans le psychisme de l'enfant un boulet qui le ronge et auquel il ne voit pas d'issue car le temps pour un enfant de cet âge n'est qu'immédiateté. On pourrait alors se demander quel transfert/compensation est à sa portée. Nous l'avons remarqué, il s'est rapproché de son père et a appris à compter parce que son principal fournisseur d'amour lui faisait défaut. Bien sûr, cet enfant aime les chiffres qui doivent exprimer pour lui une traduction du même ordre que les mots. Mais quand même, il y a toujours quelque chose de remarquable à transférer vers le positif plutôt que vers le négatif. Ceci n'a rien à voir avec le fait d'être enfant ou adulte. C'est une qualité d'origine.

Pour l'heure nous en sommes au stade où la charge émotionnelle est forte dans l'esprit de Maxime, comme un abcès qui n'a pas de possibilité de percer. Le petit garçon ne peut pas se camper en face de sa mère et lui dire : « Je veux que tu meures. » La nature de leur relation rend la chose impossible. Lorsque le hasard amène Jérémie et sa mère, l'ambiance se trouve rapportée à une dimension objective de réalité dans laquelle Maxime retrouve lui aussi une dimension de simplicité hors du subjectif maternel. Un deuxième hasard vient alors s'imbriquer dans le premier, quand les deux femmes parlent du futur. Le futur, au moins c'est quelque chose dans quoi Maxime n'a rien à voir, un terrain neutre en somme. Alors, tout à coup, sans même penser ce qu'il dit, au mieux l'entendant, il se précipite dans cette béance offerte : « En août, tu seras morte. »

Lorsque Maxime s'exprime de la sorte, il n'y a pas de sa part volonté exprimée, il y a décharge émotionnelle dans un moment où il peut le faire. C'est comme s'il avait enfin la possibilité de crever son abcès pour pas cher. La chose était d'autant plus facile, logique presque, que la méthode qu'il a choisie pour ce faire est la mort, notion réelle mais abstraite qui concerne tous les enfants de quatre à sept ans. Maxime n'avait-il pas un jour demandé à son père : « Dis papa, quand tu seras mort, tu me donneras tes chaussures ? » Ainsi, lorsque Maxime annonce la mort de sa mère pour le mois d'août, bien que ce soit pour des raisons éminemment punissantes, c'est d'une mort abstraite qu'il s'agit, méritée mais abstraite. Mais la question demeure : y a-t-il prémonition ?

Pardonnez-nous de proposer que toute réponse serait vaine parce que subjective et tendancieuse.

« Mais on ne peut faire abstraction de ce que Maxime a annoncé cette mort.

– Certes non, mais c'est insuffisant, car les propos du petit garçon ne concernent que la forme, pas le fond et encore moins le sens. Ces propos restent une coquille vide de sens.

Un escargot dont il ne reste que la coquille est-il encore un escargot ? »

Ce qui en outre ferait admettre le bien-fondé de cette observation est le désarroi total dans lequel Maxime se trouve après cette mort annoncée. « D'accord, je veux que tu meures, mais pas pour toujours. » Et quand la mort est là, pour toujours, c'est-à-dire l'absence, Maxime est écrasé par ce monde de la réalité, des grandes personnes, qui soudain existe et le terrasse. Maxime ne comprend plus rien et, par sens des responsabilités, accepte l'inacceptable : « J'ai tué ma mère ».

Si la grand-mère n'avait pas été là, Maxime serait devenu fou. C'était inéluctable.

Au-delà de l'indéfinissable

Nous avons pris soin, tout au long de ce livre, d'essayer de poser les questions avec logique et simplicité. Notre but n'était pas de pousser à croire en de mystérieuses révélations qui laisseraient supposer que l'on puisse devenir un surhomme, ou qu'il y a des surhommes doués d'un sixième sens. Notre but était de proposer des interrogations, des voies de réflexion, de manière suffisamment claire pour que chacun, au fil de sa lecture, puisse trouver ses propres réponses sans influence extérieure.

Y a-t-il un sixième sens ?

Telle était la première de nos questions. La moindre des choses, à ce propos, serait d'en donner une définition. Mais comment donner une définition de quelque chose qui, théoriquement, n'existe pas et dont les scientifiques débattent ? Nous l'avons déjà dit, les dictionnaires n'en reconnaissent pas l'existence. Il nous faut alors limiter notre propos à une éventualité que l'on pourrait exprimer ainsi : s'il y a un sixième sens, en dépit de la logique cartésienne ou rationaliste, qu'est-ce ? En toute honnêteté, nous sommes obligés de reconnaître que parfois nous sommes confrontés à des événements étranges qui sont le fait, au regard de notre incompréhension, soit du hasard, soit de quelque chose d'autre, indéfinissable. Le sixième sens ?

– Vous rencontrez quelqu'un de la même corpulence que vous. Vous vous liez d'amitié et il vous emmène à son gymnase. Vous constatez alors, étonné, qu'il soulève un haltère de cent vingt kilos. Est-ce un surhomme ? Non ! C'est un homme entraîné.

– Un sourcier, dans le Jura, a la réputation infaillible de trouver l'eau là où elle est. Est-ce forcément l'effet de merveilleux dons radiesthésiques ? Non ! Simplement son père avant lui faisait la même chose et son grand-père aussi. De génération en génération l'instinct s'est développé et sa baguette de coudrier, en laquelle il croit, ne fait rien à la chose. Il est doué, et c'est tout. Il reste pourtant vrai que, sans baguette, cet individu désarmé ne trouverait sans doute rien parce que, inconsciemment, il ne voudrait rien trouver. L'autosuggestion est puissante. Et le sixième sens ?

La semaine prochaine, mille individus qui ont une envie forcenée d'avoir de l'argent vont rêver qu'ils voient la grille gagnante du Loto puis, le lendemain matin, vont aller perforer leur petit carton comme « poussés par une force puissante et invisible ».

a) Aucun de ces individus ne gagne. Cela démontre-t-il que prémonitions ou sixième sens sont un leurre ?

b) L'un de ces mille individus gagne. Cela prouve-t-il qu'il soit susceptible d'avoir d'extraordinaires prémonitions par le fait d'un sixième sens ? Plusieurs fois, dans les mois suivants, il aura d'autres prémonitions tout aussi convaincantes, car c'est une chose à laquelle on s'habitue du premier coup, pourtant il ne gagnera plus jamais. Alors, cela signifie-t-il qu'il a perdu son sixième sens ? Non ! Cela signifie que beaucoup de gens ont le désir de voir un avenir meilleur à ce point qu'ils l'imaginent, puis qu'ils en rêvent et prennent cela pour des prémonitions. Dans le cas présent il y aura eu mille prémonitions pour un gagnant. Il n'y a là que l'effet du hasard. Mais si cet individu gagne une fois par an une somme de un million en jouant cent francs par semaine, alors là, oui ! nous accepterons la réalité d'un sixième sens.

L'autosuggestion est puissante chez l'individu qui désire voir arriver ce qu'il souhaite, et c'est aussi son manque d'objectivité qui lui fait se convaincre qu'il « avait vu ».

Prémonitions et sixième sens ?

Nous faisons tous des rêves plus ou moins rattachables à une réalité future. S'ils sont rattachables à cette réalité à venir c'est tout simplement parce que nous sommes l'élément commun entre ces rêves et la réalité.

Il y a parmi nous ceux qui veulent associer leurs rêves à la réalité, et il y a les autres, qui ne voient pas le rapport. Les premiers ont des prémonitions qui, par le fait du hasard et de l'abondance, un jour tomberont presque juste, les seconds n'en ont pas. Les premiers dorment mal et rêvent beaucoup. Les seconds dorment bien et ne rêvent pas, du moins l'affirment-ils. Vous vous souviendrez peut-être que le professeur Richet, à un moment, établit qu'autour de lui, sur les dix-sept personnes de sa proche famille, il a pu dénombrer huit prémonitions exactes dans toute leur vie. Voilà la parole la plus sensée de tout ce livre, diront certains.

L'interprétation des signes ?

Durant la guerre, française, d'Indochine, américaine, du Viêt-nam, beaucoup de jeunes gens, dans les deux camps, sont morts, et beaucoup d'autres ont survécu. Cette guerre a souvent eu pour théâtre jungles et forêts. Les Vietnamiens, dans leur élément, n'ont pas eu à s'adapter, mais les Français et les Américains ont dû se former à ces conditions hostiles pour survivre. Ensuite ils se sont améliorés et, enfin, certains sont devenus performants. On ne passe pas trois ans de guerre dans un maquis périlleux sans acquérir des qualités que l'on n'avait pas au départ. Ces qualités sont générées puis développées par l'instinct de survie. Parmi celles-ci se trouve au premier rang le sens spécifique du danger, lequel n'est somme toute qu'une réceptivité aiguisée à toute forme de signe, d'avertissement. C'est peut-être là, et là seulement, que se cache le sixième sens : dans l'interprétation immédiate des signes, par-delà même leur compréhension.

« Couchez-vous ! », hurle le sergent à son peloton.

Trois secondes plus tard les rafales de mitrailleuses crépitent, sciant les bambous au-dessus de leur tête.

Plus tard on lui demandera :

« Pourquoi avez-vous crié ainsi ?

– Je ne sais pas ! »

Des mois après, il tentera de s'expliquer ainsi : « Nous savions qu'une unité Viêt-cong était tout près. J'ai regardé le ciel et j'ai vu que le soleil allait sortir des nuages et que nous l'aurions droit dans les yeux. J'ai été sûr qu'ils choisiraient ce moment-là pour attaquer. »

Il en va de même pour le joueur de poker professionnel qui risque, sinon sa vie, du moins son capital, à chaque partie. Au bout de nombreuses années et après avoir joué avec des milliers de joueurs, il a développé un instinct pointu. Cet instinct lui fait capter des signes, avertissements en provenance des autres, auxquels il obéit, qu'il sache ou non les analyser.

Il nous apparaît en somme que, pour appréhender le sixième sens, une attitude pragmatique lui associerait la notion d'instinct vital. On pourrait essayer de le définir ainsi : « Sens supplémentaire, afférent au seul psychisme, qui produit des actions instinctives immédiates. »

SAVOIR LIRE LE RÉEL

« Notre attitude dépend des gestes que nous accomplissons ; or, les gestes sont en corrélation étroite avec notre caractère et avec la manière dont nous réagissons en face des événements ou des circonstances.

Nos gestes sont la plupart du temps inconscients, c'est pourquoi ils arrivent à renseigner de façon très précise sur notre façon d'être ceux qui veulent prendre la peine de nous observer.

En règle générale, plus les gestes sont nombreux, moins l'individu est maître de soi.

Il perd d'ailleurs, en gesticulant, une très grande quantité de force nerveuse, qui affaiblit d'autant sa possession de soi. »

(J.-L. VICTOR, *Signes et Présages dans la vie quotidienne,* Éditions De Vecchi.)

Sixième sens et immédiateté

Les cinq sens et le sixième ont en commun l'immédiateté, pour les uns de la perception, pour l'autre de l'action résultant de cette perception.

Bien entendu, tout le monde aura remarqué combien cette définition s'appuie sur ce que nous avons appris de l'inconscient à travers Freud. Cela provient de ce que nous attachons une grande importance à la notion de spontanéité (antinomique du conscient), laquelle abolit toute réflexion ou imagination. Ce que nous cherchons en outre à établir par cette proposition, c'est la complémentarité nécessaire et suffisante entre les cinq premiers sens, mode de connaissance primaire, et le sixième, mode d'action, primaire également. Nous entendons souligner ainsi la connexion directe entre perception et action résultante. Ce que nous voulons préciser aussi, c'est que, normalement, à la suite de la perception par les sens ordinaires, il y a concertation de l'individu entre lui et lui-même, puis réflexion, puis parfois intuition, puis enfin action éventuelle. Il y a donc intellectualisation d'un fait, ou d'un problème. Lorsque nous rangeons ce sixième sens au même niveau, mais psychique, que les cinq autres, perceptifs, nous entendons supprimer toute idée d'abstraction ou d'intellectualisation. Autrement dit, il y a dans cette vision du sixième sens plus qu'une allusion : un retour formel à l'instinct et, plus précisément encore, à son corollaire, l'absence de mémoire, celle-là même qui intellectualise un problème en faisant de lui un problème humain et non plus animal. Voilà un mot déterminant, animal, qui nous fait approcher de plus près encore ce que pourrait être le sixième sens. On pourrait alors en donner une définition presque à l'envers. Le sixième sens n'existe encore que dans ce qui reste en nous d'animal et que nous perdons chaque jour un peu plus par l'intellectualisation et l'éloignement de la nature.

Ce que suggère le sixième sens

Il nous reste maintenant à jeter un regard sur tout ce que nous suggère le sixième sens et qui n'appartient pas à l'ensemble des propositions que nous venons d'exposer.

LA VOYANCE

C'est un domaine délicat parce qu'il y a de tout chez les voyants et même, une fois sur dix, des gens vraiment bien, comme chez les dentistes. Ce qu'il y a de commun entre les uns et les autres est l'appât du gain. C'est humain, tout le monde a besoin d'argent. Mais il arrive qu'un voyant donne une réponse d'une étonnante exactitude. Dans ce cas, il l'ignore et, plus encore, il ignore pourquoi il s'est laissé aller à prendre un tel risque. Il serait bien incapable de l'expliquer si on le lui demandait. Quoi qu'il en soit, quelque chose l'a poussé. Est-ce cet instinct dont nous venons de parler ? Cette possibilité de capter puis d'interpréter sur-le-champ certains signes ?

LES PRÉMONITIONS

Nous en avons parlé longuement, en lien avec les travaux du professeur Richet, homme de qualité s'il en fut et apôtre du sixième sens. L'attitude de cet homme de science a paru à de nombreuses personnes incompréhensible. Bien sûr, il y a eu des précédents, Galilée, par exemple. Des quelques exemples, les plus déterminants, dont nous avons pris connaissance, beaucoup de choses nous échappent. La sincérité et les désirs du professeur Richet sont flagrants. Cela suffit-il pour faire adopter toutes ses positions ? Ossovietski arrêta assez vite ses démonstrations de lecture à travers le papier. Redoutait-il des processus de contrôle plus rigoureux que ceux mis en scène par le professeur Richet dans sa chambre d'hôtel ? Nous nous posons la question.

LA TÉLÉPATHIE

Nous aurions pu en parler davantage. Non parce que c'est un sujet intéressant, mais parce que c'est un sujet exact. La télépathie existe entre deux personnes. Certaines sont douées, d'autres moins, mais tout le monde peut s'entraîner et s'améliorer. On se souviendra avec une émotion réelle de l'expérience qui a été faite par les Américains entre deux télépathes, l'un à Washington, l'autre à bord du sous-marin atomique *Nautilus* stationné sous la banquise du pôle Nord. Les résultats ont démontré la réalité de la télépathie en même temps que son impossible utilisation par manque de précision. Russes et Américains ont tout tenté dans ce domaine.

Tout peut-il être expliqué ?

Que reste-t-il alors de ce sixième sens qui côtoie de si près notre besoin de merveilleux, lequel ne trouve plus rien pour étancher sa soif depuis que la religion est démodée et que l'argent rationaliste et le triste chômage ont tout repeint, sans nuances, en noir et blanc ? Le hasard ? que certains confondent avec Dieu quand ils le prient de les faire gagner au Loto ? Non, il reste le besoin de merveilleux.

Lorsque notre skipper veut rentrer au port à travers la brume, il est confronté au hasard : « Je prends à gauche ou je prends à droite ? » Il aurait pu tirer à pile ou face, mais il ne l'a pas fait, pourquoi ? Il y a deux raisons complémentaires mais d'inégale valeur. L'une est que, en prenant lui-même une décision, il continue à exister. Cela implique qu'il n'accepte pas de n'être rien. Sous l'apparence de prendre ses responsabilités, c'est bien. La deuxième raison pour laquelle il ne tire pas au sort est que, au fond de lui-même et dans un demi-inconscient, il se dit que, puisqu'une décision s'avérera être la bonne, il existe peut-être une instance supérieure (divine ?) capable de prendre cette décision pour lui ou, tout au moins, de la lui faire prendre à lui. Cette espérance est à mettre en regard de la logique selon laquelle tout individu se croit digne d'être sauvé.

Ce pourrait être une définition du sixième sens : la capacité de communiquer avec celui qui prend les décisions. On lui donnera un nom approprié.

En attendant, il reste encore des choses inexpliquées, elles sont rares, elles sont une bénédiction. Croyons-y de toutes nos forces, comme des enfants. Un jour, il n'y en aura plus.

ANNEXES

Pour découvrir vos capacités extrasensorielles, pour apprendre à vous connaître, des exercices et des conseils vous sont proposés ci-après. Le sixième sens, votre sixième sens, selon que vous l'aurez repéré ou non, selon que vous y croyez ou non, s'y révélera.

Votre vie est une succession de perceptions, d'émotions, de rencontres « particulières ». Apprendre à se connaître, c'est réunir toutes les conditions pour accueillir et entrer en communication avec l'« autre ». Alors, reprenons à notre compte cette phrase de Saint-Exupéry : « Dans la vie, il n'y a pas de solutions. Il y a des forces en marche ; il faut les créer et les solutions suivent. »

EXERCICES D'OBSERVATION

- *Observez l'architecture des immeubles des rues où vous avez l'habitude de passer. Vous vous rendrez compte à quel point vous les regardiez si peu.*

- *Observez les vitrines des boutiques, des restaurants, en faisant attention aux détails, à ce qui ne se remarque pas d'un premier abord.*

• Observez les personnes que vous croisez, en vous attachant à leurs vêtements, à leur coiffure, à leurs traits du visage.

• Le soir, une fois seul, remémorez-vous ce que vous avez observé durant la journée et essayez de visualiser les détails qui vous ont marqués.

EXERCICES POUR TROUVER UN BON SOMMEIL

Le sommeil est fondamental dans les phénomènes de perception. Les conseils ci-dessous ont pour but de vous placer dans de bonnes conditions psychologiques.

• Supprimez le café, le thé et l'alcool. Ce sont des excitants et pas les meilleurs alliés pour trouver un bon sommeil.

• Le soir, mangez léger.

• Juste avant d'aller vous coucher, vous pouvez croquer une pomme ou boire une infusion.

• Vous pouvez effectuer quelques mouvements de gymnastique ou des respirations profondes.

• Sachez reconnaître les signes précurseurs du sommeil. Les enfants se frottent les yeux. Mais à l'âge adulte, il existe d'autres signaux ; sachez les identifier et couchez-vous dès leur apparition.

• Pensez à quelque chose d'agréable avant de vous endormir.

• Allongez-vous bien à plat sur le dos, les bras le long du corps et fermez les yeux. Imaginez que votre corps s'alourdit au point de s'enfoncer très profondément dans le matelas.

Commencez par les pieds en visualisant bien chaque orteil et remontez progressivement jusqu'à la racine des cheveux.

ACUITÉ SENSORIELLE ET SIXIÈME SENS

Développer son sixième sens nécessite d'aiguiser son acuité sensorielle. Seule celle-ci, en effet, nous place dans les conditions psychologiques et sensitives propices à une réceptivité maximale des différents « signaux » qu'émettent les gens et les choses qui nous environnent.

Pour ce faire, il faut consacrer une vingtaine de minutes par jour à regarder et écouter ce qui se passe autour de nous. Cette activité des sens, aussi simple qu'elle puisse paraître, est fondamentale. La plupart d'entre nous avons perdu la capacité à utiliser nos sens, qui sont notre lien le plus solide au monde, selon toute leur puissance. Pour développer un sixième sens, il faut avant tout maîtriser les cinq premiers. Ces séances d'écoute et d'observation permettent de faire des progrès remarquables et rapides.

Sachez dépasser votre timidité et les règles de la « bienséance » qui veulent que l'on évite de dévisager les autres. Pour être capable de voir ou d'entendre toute la gamme des réactions inconscientes des gens, il faut les regarder attentivement et avec bienveillance. Sans entraînement, il est impossible de déceler ces réactions que la conscience ne maîtrise pas.

La majorité d'entre nous ne « voyons » plus les réactions des gens, faute d'utiliser et d'entraîner ce sens de l'observation. Les individus nous semblent aussi opaques que le roc, et leurs émotions semblent indiscernables.

Pour réussir à développer votre acuité sensorielle suivez ces quelques conseils :

- *Passez outre et autorisez-vous à dévisager les autres.*

• Pour éviter de vous sentir mal à l'aise avec des personnes de votre entourage, choisissez des anonymes dans les restaurants, les transports ou tout autre endroit public. La plupart des gens ne se rendent pas compte qu'ils sont observés.

• Guettez tous les changements. Toute modification dans les traits du visage ou dans le comportement signifie qu'il y a réaction. La joie même contenue, le plaisir, les pensées insistantes, les soucis qui traversent l'esprit d'une personne se manifestent la plupart du temps en produisant une réaction externe. Les mêmes pensées provoquent toujours chez une personne donnée les mêmes réactions. Ce sont ces réactions qu'ils faut apprendre à voir et à décrypter.

• Ne prêtez pas uniquement attention aux réactions extrêmement visibles : une mâchoire crispée, un teint rouge ou des bras croisés. Concentrez tous vos efforts sur la perception des réactions subtiles comme le tonus musculaire, le rythme de la respiration, les infimes modifications de la lèvre inférieure ou une coloration légèrement différente de la peau qui passent plus facilement inaperçues.

EXERCICE POUR CONNAÎTRE L'EXPRESSION DE SON REGARD ET DE SES YEUX

« Les yeux reflètent la santé ou le malaise du corps, et ces manifestations peuvent s'expérimenter de différentes façons : en notant l'expression caractéristique des yeux et leur emplacement dans les orbites, en observant la structure et le fonctionnement du globe oculaire.

Vos yeux sont-ils vraiment les fenêtres de votre âme ? Que révèlent-ils de vos sentiments intérieurs, de vos passions, de vos peurs ?

Posez un instant votre livre et allez regarder vos yeux dans un miroir. Pendant que vous les regardez, cherchez à les voir comme si c'était la première fois. Dès que vous en aurez vu le reflet dans la glace, détournez le regard pendant un instant et essayez de vous faire une idée de ce que vos yeux montrent de vous. Puis recommencez à vous regarder "dans les yeux", et examinez la forme de vos yeux, leur brillance, comme ils s'encadrent dans votre visage. »

(F. PADRINI, *Le Langage secret du corps,* Éditions De Vecchi.)

TECHNIQUE POUR VIVRE EN HARMONIE AVEC SON PROPRE RYTHME

« Toutes nos fonctions biologiques passent par des pics ou creux. Les rythmes sont génétiquement programmés mais influencés par les facteurs extérieurs que sont l'alternance lumière/obscurité, bruit/silence, activité/repos, les contraintes sociales. Depuis 1972, on sait que notre horloge biologique siège dans l'hypothalamus. Une hormone, la mélatonine, secrétée durant la nuit par l'hypophyse, synchronise nos rythmes circadiens.

Cette connaissance de nos rythmes doit permettre à chacun de mieux ajuster ses activités.

De 9 à 11 heures, c'est la période propice au travail intellectuel, aux opérations de calcul mental et aux exercices de mémoire.

De 13 à 15 heures, c'est le moment idéal pour faire une sieste ou se détendre. Il faut renoncer à des travaux difficiles et éviter les longs trajets en voiture durant cette période.

De 15 à 19 heures, c'est le bon moment pour améliorer ses performances sportives ou pour pratiquer un sport. C'est égale-

ment le temps propice pour programmer ses travaux intellectuels les plus ardus, ses rendez-vous importants.

Si l'on est plutôt du matin, c'est que la sécrétion d'hormones stimulantes (cortisol, adrénaline) est à son maximum pendant cette période. C'est donc le matin qu'il faut programmer le maximum d'activités intellectuelles et physiques. Le soir venu, il faudra se coucher de bonne heure. Si l'on est plutôt du soir, on fera l'inverse. Un meilleur ajustement de nos activités sur notre horloge interne doit permettre de se fatiguer beaucoup moins. »

(Docteur J.-P. EHRHARDT, *Comment vaincre l'épuisement*, Éditions De Vecchi.)

Table des matières

Éveil d'un sens 7

PREMIÈRE PARTIE :
À LA RECHERCHE DU SIXIÈME SENS

De l'observation à la constatation 11
L'imagination 12
Moi, je 13
La communication 15
Nos sens sont des instruments 15
Peut-on éduquer les sens ? 17
De l'importance à donner à nos sens 19
Qui des sens ou de l'esprit... ? 20
L'esprit et l'intellect 23
Variabilité de l'information 25
Traitement de l'information 26

Exemples de manifestations du sixième sens au quotidien 29
Le hasard ? 29
La pensée des autres 31

Atomes crochus 32
Instinct ? 34
Prémonition ? 35
Psychologie ? 36

De l'intuition à l'inconscient : l'intuition 37
Définition 37
Intuition et voyance 38
De l'analyse à l'intuition 43
Hasard, intuition, ou rien du tout ? 45
Hasard, intuition et résultat 46
Intuition et illusion 49
De l'intuition à l'analyse 50

De l'intuition à l'inconscient : l'inconscient 55
Définition 55
Premiers travaux de Freud 58
Les manifestations de l'inconscient 61
L'inconscient et le mental 70
Le préconscient 72
Le Ça, le Moi et le Surmoi 73
De l'équilibre psychique 74
De Freud à Jung 76

SECONDE PARTIE :
À LA RECHERCHE DES ILLUSIONS PERDUES

Le sixième sens et l'argent 91
L'astrologie 91
La voyance 95

La numérologie 98
La morphopsychologie 100

La parapsychologie 105
Qu'est-ce que la parapsychologie ? 105
La télépathie 107
Histoires de « parapsychologie » 111

Du côté de la science 121
Les particules sont éternelles 122
L'esprit est-il dans la matière ? 122
La matière a-t-elle des souvenirs ? 125

Les expérimentations de Charles Richet 127
Mme Titus 131
Le chemin creux 132
Une prémonition personnelle du professeur Richet 133
Autre prémonition du professeur Richet 134
Expériences du professeur Richet avec Mariette 135
Expériences du professeur Richet avec Alice 136
Expériences du professeur Richet
avec M. S. Ossovietski 139
Hypothèse d'une vibration de la réalité 142
Les recherches sur le sixième sens
ont-elles un avenir ? 143

Parapsychologie et psychanalyse 145
Le sixième sens et l'histoire 145
L'homme et la voiture 149
Maxime et la mort 157

Au-delà de l'indéfinissable 165
Y a-t-il un sixième sens ? 165
Prémonitions et sixième sens ? 167
L'interprétation des signes ? 168
Sixième sens et immédiateté 170
Ce que suggère le sixième sens 171
Tout peut-il être expliqué ? 172

ANNEXES 175

Dans la même collection

Communiquer avec l'au-delà, Thomas Rilk, 2006.

Savoir lire l'Aura, Laure Nitos, 2006.

Vos prémonitions, Osaimond, 2006.

Exploitez tous les pouvoirs qui sont en vous, Lucien Liroy, 2006.

Les êtres de lumière, Bernard Baudouin, 2006.

Near-Death experiences, Bernard Baudouin, 2006.

Le Voyage astral, Laura Tuan, 2006.

Les sorties hors du corps, Pierre Vigne, 2006.

Se souvenir de ses rêves, M. Micelazzo, 2006.

Composition Nord Compo
Impression Bussière, octobre 2007
N° d'éditeur : 10133 – N° d'impression : 073328/1
Dépôt légal : novembre 2007
Imprimé en France.